前書き 🔍

「文書作成のときの誤字誤変換をなくしたい…」
「変換候補で出てくる情報だけでは使いたい漢字を選べない…」
「一段上の、こだわった漢字の表現にしたい…」
　メール・ビジネス文書・手紙・SNS への投稿・創作活動など、日々の生活や仕事で、漢字の悩みは尽きることがありません。

　本書では、そんな悩みにおこたえするべく、ふだんの生活の中で使い分けに迷う漢字を選んで収録し、使い分けのポイントを示しました。

　使いたい漢字を探す場面で役立てていただけるよう、使用例をできるだけ豊富に示し、漢字を使い分けるヒントや語彙力アップにつながる情報などを示すよう努めました。

　「相手に誤解のないよう正しく伝えたい」、「自分の気持ちにより近い意味の漢字で表現したい」という思いを後押しし、調べてひと手間かけようとする、その温かいお気持ちに少しでも寄り添う辞典であればと思います。

　本書を通して皆さまの言葉の地平がますます広がってゆきますことを願ってやみません。

　漢字の使い分けに迷うすべての人に――
さまざまな機会に皆さまのお役に立てば幸いです。

2023 年 3 月　三省堂編修所

🔍 この辞典の使い方

この辞典に収録した言葉

約600項目／約1,600字

ふだんの生活で使い分けに迷うことの多い、異字同訓と同音異義語を取り上げました。

■ 異字同訓…意味が似ていて同じ「よみ(訓)」になる漢字
■ 同音異義語…同じ「よみ(音)」で意味の異なる語

この辞典の見方

● 見出し ——→ きてん

● 表記 ——→ 【起点】

● 解説 ——→ 物事が始まったり生じたりする点。
🔲始点・出発点 🔲終点

● 用例 ——→ 🔲東海道の起点。広場を起点とするマラソンコース。攻撃の起点。

【基点】

距離などを測ったりするときの基になるところ。行動や考えの基になるところ。🔲原点・定点

🔲駅を基点として半径10キロの範囲。過去の実績を基点に考える。

● コラム ——→ 🔵
「始まり」を表す場合には「起点」を使い、「基・中心になる部分」を表す場合には「基点」を使う。

→ の右にある
見出しを参照
してください

● 参照見出し ——→ あげる →あがる・あげる

4

● **見出しの配列は五十音順**

● **表記** ……… 見出しを漢字でどう書くか

【返】	「常用漢字表」(2010年内閣告示)に記載のある漢字・「よみ」
【反▽】	▽ 「常用漢字表」の音訓にない漢字の「よみ」
【孵▼】	▼ 「常用漢字表」にない漢字

　　　　　　　▽や▼の印がついた漢字を使う場合には、かな書き(=ひらがなで書く)か、読みがなをつけると、より親切です。

　　　　　　　送り仮名は、原則として「送り仮名の付け方」(1973年内閣告示、2010年一部改正)の「本則」と「例外」に従いました。

● **解説** ……… その語の基本となる語義を簡潔に示しました。
　　　　　　　例えば、見出し語が「かえる・かわる(変える・変わる)」の場合、それぞれの語に対応させて、語義を「前と異なる状態にする。前と異なる状態になる」とはせず、2語の共通語義という扱いで、「前と異なる状態になる」だけを示しました。

　　　　　　　圞 類義語を示しました　　　圀 対義語を示しました

● **用例** ……… 使い方がわかる例を豊富に示しました。
　　　　　　　太字は、「表記」を表します。

● **コラム** …… それぞれの漢字の使い分けがわかるポイントや、「表記」には載っていないプラスアルファの表記情報、漢字や表現にかかわるお役立ち情報などを示しました。太字は、「表記」で示した漢字やその他の表記情報を表します。

● **さくいん** … 巻末の「さくいん」から、知りたい「よみ」の漢字を引くこともできます。

あ

あう

【会う】

人と人が顔を合わせる。出会う。対別れる

例3時に客と会う約束をした。知人とばったり会う。人に会いに行く。投票に立ち会う。2人が出会った場所。

【合う】

一致する。調和する。互いにする。

例計算が合う。呼吸が合う。好みに合う。部屋の雰囲気に合う。会議で話し合う。競い合う。意見が合う。答えが合う。目が合う。割に合わない仕事。幸運に巡り合う。

【遭う】

思わぬことや好ましくない出来事に出くわす、経験する。

例にわか雨に遭う。災難に遭う。思い掛けない反対に遭う。

【遇゛う】

思わぬことや好ましくない出来事に出くわす、経験する。

例にわか雨に遇う。災難に遇う。思い掛けない反対に遇う。

【逢゛う】

人と人が顔を合わせる。出会う。対別れる

例恋人に逢いに行く。2人が出逢った場所。

「**会**」は、おもに人と人が顔を合わせる場合に使うが、ペットや芸術作品など、その人にとって価値のあるものなどに接する場合にも使われる。「駅でばったり友人とあった」の「あう」については、「思わぬことに出くわす」という意味で「**遭**」を使うこともあるが、「友人と顔を合わせる」という視点から捉えて、「**会**」を使うのが一般的。「巡りあう」の「あう」についても、「互いに出くわす」意味で「**合**」を使うが、「出くわす」ものが人同士の場合には「人と人が顔を合わせる」という視点から捉えて、「**会**」を使うこともできる。「であう」は、「クマに出**会**う」「2つの道路が出**会**う」「事故に出**会**う」など、人以外のものや好ましくない出来事の場合は「出**会**う」を使うことが多い。物事に偶然出くわしたときに「**遇**」、文学作品などで恋人や親しい人と「あう」ときに「**逢**」が使われることがある。

あからむ

【赤らむ】

赤くなる。実が熟す。

例ほおが赤らむ。赤らんだ顔。夕焼けで西の空が赤らむ。梅の実が赤らむ。

【明らむ】

明るくなる。

7

例朝日が差して部屋の中が**明**らむ。東の空が**明**らんでくる。

「赤」は、顔や肌が赤くなるときによく使われる。

あかり

【明かり】

光、光線、明るさ。明るい状態。
例絶望の中に**明**かりがさす。雪**明**かり。

【灯▽】

周囲を明るくするもの。
例ランプの**灯**をともす。**灯**をつける。街の**灯**が消える。

「明」は「光、明るさ」という意味で広く使われ、自然の光にも人工的な光にも使われる。「灯」は、「ランプの灯」「街の灯」など、人工的な「あかり」に使う。

あがる・あげる

【上がる・上げる】

位置や程度が高いほうに動く。声や音を出す。家や部屋に入る。風呂や川、プールなどから出る。与える。終わる、できあがる。類のぼる 対落ちる・さがる
例気温が**上**がる。2階に**上**がる。歓声が**上**がる。どうぞお**上**がりください。風呂から**上**がる。成果が**上**がる。これで**上**がりだ。地位が**上**がる。雨が

上がる。花火が**上**がる。料金を引き**上**げる。お祝いの品物を**上**げる。腕前を**上**げる。

【揚がる・揚げる】

空中に浮かぶ。気持ちなどが高まる。場所を移す。油で調理する。高いほうへ移す。
例国旗が**揚**がる。花火が**揚**がる。意気が**揚**がる。凧を**揚**げる。天ぷらを**揚**げる。船荷を**揚**げる。海外から引き**揚**げる。

【挙がる・挙げる】

はっきりと示す。結果を残す。執り行う。こぞってする。捕らえる。
例手が**挙**がる。例を**挙**げる。勝ち星を**挙**げる。式を**挙**げる。全力を**挙**げる。犯人を**挙**げる。国を**挙**げて取り組む。

凧や花火などは、「高いほうへのぼってゆく」ことに重点を置く場合は「上」を使うが、「空中に浮かぶ」ことに重点を置く場合は「揚」を使う。値段が高くなることを表すときは「騰」を使うこともある。

あきる

【飽きる】

満足して、それ以上はほしくなくなる。同じことが続いて、それ以上は続けたくなくなる。類食傷する
例豪華な料理も、もう**飽**きた。ゲームにも**飽**きた。単調な作業に**飽**きる。

【厭きる】

嫌になって、それ以上、やったり近づいたりしたくなくなる。顯厭どう・厭世・厭戦

例争いはもう厭きた。人間関係に厭きる。

一般的には「飽」を使う。「厭」を使うと、強いニュアンスを表現することができる。「たくさんの宿題にあきた」「言い訳は聞きあきた」など、疲れたり困ったりして、やる気が起こらなくなる場合に「倦」を使うこともできる。

あく・あける

【明く・明ける】

目が見えるようになる。期間が終わる。遮っていたものがなくなる。対暮れる

例子猫の目が明く。らちが明かない。夜が明ける。年が明ける。喪が明ける。悩みを打ち明ける。

【空く・空ける】

からになる。間が離れる、隔たりができる。暇になる。対うめる・ふさぐ

例席が空く。空き箱。隙間が空く。手が空く。家を空ける。時間を空ける。

【開く・開ける】

閉まっていたものがひらく。営業を始める。穴ができる。対閉まる・閉じる

例幕が開く。胃に穴が開く。ドアが開かない。窓を開ける。店を開ける。そっと目を開ける。

シャツやドレスなど、肌の露出が多いときは「胸の明いたシャツ」「胸の開いたシャツ」のように、「明」を使う場合も「開」を使う場合もある。

あげる　　　　　→あがる・あげる
あし

【足】

足首から先の部分。移動の動作に見立てたもの。移動の手段。食べ物などの腐り方。対手

例足の裏。足で稼ぐ。路線バスは市民の足だ。もやしは足が早い。足に合わない靴。足しげく通う。逃げ足が速い。出足が鋭い。客足が遠のく。足が出る。雨足_{あし}。

【脚】

胴から下に伸びた部分。また、それに見立てたもの。

例脚の長い動物。脚の線が美しい。雨脚_{あし}。

「足」は「脚」との対比では「足首から先の部分」を指すが、「足を組む」「足を伸ばす」など、「胴から下に伸びた部分」を指すこともある。そのため、「テーブルのあし」「机のあし」のように物の下について全体を支える「あし」

9

は「足」を使うことも「脚」を使うこともある。また、「浮き足立つ」「足を向けて寝られない」など、慣用的な表現では「足」を使うことが多い。専門的な表現として、哺乳動物には「肢」を使うことがある。

あずかる

【預かる】

保管や世話を一時的に引き受ける。責任をもって引き受ける。保留する。題預ける

例落とし物を預かる。ペットを預かる。人命を預かる。勝負を預かる。

【与゙る】

関係する、参加する。目上の人からよい待遇をしてもらう。題関与する・参与する

例相談に与る。国政に与る。与り知らないことだ。お褒めに与る。恩恵に与る。ご紹介に与りました…でございます。

▽「与」は、「相談にあずかる」「お褒めにあずかる」など、現在ではかなで書くことが多い。

あだ

【仇゙】

仕返しをしたりうらみを晴らしたりしたいと思っている相手。仕返し、うらみ。相手にとって悪いことや害に

なること。題かたき

例仇を討つ。恩を仇で返す。好意を仇で返す。

【寇゙】

仕返しをしたりうらみを晴らしたりしたいと思っている相手。仕返し、うらみ。相手にとって悪いことや害になること。題かたき

例寇を討つ。恩を寇で返す。好意を寇で返す。

【徒゙】

期待したような成果がでないこと、かえって悪い結果を招くこと。形だけで実質がないこと。題逆効果・徒労

例親切が徒になる。徒な努力だ。徒花。

【婀゙娜゙】

なまめかしい様子、色っぽい様子。
例彼は彼女の婀娜なところに惹かれたようだ。

▽「寇」は、「仇」と同じ意味で使われ、「敵」が使われることもある。「婀娜」は、現在ではかなで書くことが多い。

あたい

【値】

値打ち。文字や式などが表す数。
例値千金。賞賛に値する。一見に値する。Xの値を求めよ。

【価】

値段、価格、金額、代金。

例商品に価をつける。どのぐらいの価になりますか。

 「値」は広くいろいろなものに使うのに対して、「価」は金銭に限定して使われる。

あたたかい・あたたかだ・あたたまる・あたためる

【温かい・温かだ・温まる・温める】

ものの温度がほどよく高い。人柄や雰囲気・態度にぬくもりが感じられて心地よい。愛情がこもっている。
対冷たい・冷ややか

例温かいスープ。人柄が温かい。温かいもてなし。温かな家庭。心温まるエピソード。牛乳を温める。

【暖かい・暖かだ・暖まる・暖める】

気温がほどよく高くて心地よい。肌にほどよいぬくもりを感じる。対寒い・ぬるい

例暖かい日差し。日ごとに暖かくなる。暖かな春の日。暖かなセーター。ふところが暖まる。暖まった空気。部屋を暖める。

「冷たい」の反対の意味のときは「温」を、「寒い」の反対の意味のときは

「暖」を使うと考えると使い分けの判断がしやすい。「暖」は太陽や日差し、火を連想させる。

あたる・あてる

【当たる・当てる】

触れる。的中する、命中する。合致させる、対応させる。引き受ける。答えを確かめたり手がかりを求めたりする。害を受ける。ほかの人に感情をぶつける。光や雨などにさらす。
類あてがう・該当する・相当する
対外す・外れる

例火に当たる。くじ引きで当たる。推測が当たる。任に当たる。辞書に当たる。毒に当たる。いらいらして人に当たる。ボールを壁に当てる。矢を的に当てる。おでこに手を当てる。かなに漢字を当てる。

【充てる】

ほかに使うぶんを、ある目的や用途のために振り向けて使う。類充当する・補充する

例ボーナスを生活費に充てる。休日は勉強の時間に充てる。後任に充てる。地下室を倉庫に充てる。

【宛てる】

手紙などの届け先とする。

例編集部に宛てて送る。小社宛てに御返信ください。手紙の宛先。

あ

あたたかい・あたたかだ・あたたまる・あたためる ▼ あたる・あてる

11

【中▽る・中▽てる】

ねらい通りになる。やられる。[類]的中する [対]外す・外れる

[例]的に中る。毒に中る。暑さに中る。予想を中てる。

ⓥ 一般的には「当」を使う。ある目的のために振り向けるとき「充」を使ったり、届け先とするときに「宛」を使ったりすると意味をよりはっきり示すことができる。「ねらい通りになる」ときや毒などに「やられる」ときは「中」を使うこともできる。

あつい

【熱い】

温度がとても高い。感情が高ぶった状態だ。[対]クール・冷たい

[例]熱いフライパン。熱い視線。熱い声援を送る。お茶が熱くて飲めない。熱い湯。熱くなって論じ合う。熱い思い。鉄は熱いうちに打て。

【暑い】

汗が出たり不快に思ったりするくらい気温が高い。[対]寒い・涼しい

[例]今年の夏は暑い。暑い部屋。暑さ寒さも彼岸まで。日中はまだまだ暑い。暑がり屋。

【厚い】

幅や高さがある。たくさん重なってぎっしり詰まっている。細やかだ。

心がこもっている。[類]深い [対]薄い

[例]厚い壁。厚く垂れこめた雲。厚い志。層が厚い。手厚く保護する。厚く御礼申し上げます。

【篤▽い】

病気が重い。ひたむきだ。[類]危篤・重篤・篤実

[例]病が篤い。篤い信仰心。篤く御礼申し上げます。

ⓥ 「熱」は温度一般が高い場合に使われるが、「暑」は気温や室温が高い場合に使う。

あてる   →あたる・あてる
あと

【後】

順序や時間などが遅いこと。次に続くもの。それ以後。それ以外、残り。背中の方向、後ろ。去っていった方向。[対]先・前

[例]後回しにする。事件の後。後に続く世代。後のバス。後はよろしく。後へは引けない。後を追う。後の祭り。後から行く。後になり先になり。事故が後を絶たない。社長の後継ぎ。

【跡】

通り過ぎたところに残された印。何かが行われたり存在したりした印。家督。

[例]車輪の跡。足跡。住居跡。苦心の跡が見える。争った跡がある。店の跡

あ

あぶら ▼ あやしい

継ぎ。船の通った跡。立つ鳥跡を濁さず。父の跡を継ぐ。

【痕】

傷や被害を受けた印。傷のように生々しく残る印。

例傷痕が痛む。台風の爪痕。手術の痕。壁に残る弾丸の痕。

【迹゛】

通り過ぎたところに残された印。何かが行われたり存在したりした印。

例車輪の迹。足迹。住居迹。苦心の迹が見える。争った迹がある。

【址゛】

建物などがあった印。残された土台。

例城址。古городの都の址。

▽順序や時間が遅いことを表すときは「後」を使い、何かの印を表す場合は「跡」を使う。印の中でも特に「傷や被害」に関わるものの場合は「痕」を使うと意味をよりはっきり示すことができる。「跡」の代わりに「迹」が使われることがある。建物の「あと」の場合は「址」を使うこともできる。

あぶら

【油】

常温で液体状の「あぶら」(おもに植物性・鉱物性)。ガソリン、動力や活力のみなもと。

例油でいためる。ごま油。油が切れる。

事故で油が流出する。火に油を注ぐ。水と油。

【脂】

常温で固体状の「あぶら」(おもに動物性)。皮膚から分泌される脂肪。

例豚肉の脂。脂身。脂が乗る年頃。鼻の脂。脂ぎった顔。脂汗が出る。

▽マーガリンやバターなど、調理に使う「あぶら」は「油」を使うことが多い。「あぶらっこい」は、天ぷらなど調理油で揚げたものは「油っこい」、肉料理など肉の「あぶら」のせいであぶらっこい場合は「脂っこい」を使うことが多い。

あやしい

【怪しい】

正体がはっきりしなくて不安を感じたり、気味が悪かったりする。疑わしい、様子がおかしい。普通でない。

類おぼつかない・奇怪

例怪しい人影を見る。怪しい行動。答えが怪しい。雲行きが怪しい。約束が守られるか怪しい。挙動が怪しい。怪しい声がする。

【妖しい】

正体のはっきりしないものに魅力を感じる。なまめかしい。神秘的な感じがする。類妖艶

例妖しい魅力。妖しい微笑。妖しく輝く瞳。宝石が妖しく光る。

13

正体のはっきりしないものに驚きや不思議さを感じる場合に、「奇しい光」「奇しい物語」などと「奇」を使うこともできる。

あやまり・あやまる

【誤り・誤る】

間違い。間違える、間違う。
例誤りを見つける。選択を誤る。誤った考え。使い方を誤る。言い誤る。

【謝り・謝る】

謝罪。わびる、謝罪する。
例謝りの手紙。迷惑をかけたことを謝る。落ち度を謝る。謝って済ます。平謝りに謝る。

【謬゛り・謬゛る】

間違い。間違える、間違う。類誤謬びゅう
例謬りを見つける。選択を謬る。謬った考え。

「謬」より「誤」のほうが一般的だが、「謬」を使うとより深刻なあやまりであるというニュアンスが出せる。

あらい

【荒い】

勢いが激しい。乱暴である。対おだやか
例波が荒い。金遣いが荒い。気性が荒

い。荒海。荒療治。

【粗い】

粒や模様などの1つひとつが大きい。おおざっぱである、雑である。類粗雑・粗暴・粗略 対細かい
例網目が粗い。きめが粗い。粗塩。粗びき。仕事が粗い。

「あらすじ（荒筋・粗筋）」「あらめ（荒目・粗目）」など、慣用的に「荒」「粗」のどちらも使う例もある。

あらたまる・あらためる

【改まる・改める】

変わって、よりよい状態になる。いつもとは違うきちんとした様子になる。新しくなる、変わる。類改正する・改良する
例改まった服装。急に改まる。年が改まる。日を改める。習慣を改める。悔い改める。規則を改める。

【革゛まる・革゛める】

病気が急に悪くなる。古いものをなくし、新しくする。類改革・革命
例病が革まる。社会のしくみを抜本的に革める。

【検゛める】

詳しく調べて確かめる。類検査する
例切符を検める。荷物の中身を検める。

一般的には「改」を使う。「革」は、古い

ものをなくすことを強調したいときに
使い、「検」は調べて確かめる場合に
使う。「新しくなる」ニュアンスを出す
場合に、「新」が使われることがある。
「革」「検」「新」いずれも現在では「改」
で表されることが多い。

あらわす・あらわれる

【表す・表れる】

思いや考えを外に出す。具体的な形
にして表に出す。類表現する

例悲しみを顔に表す。グラフに表す。
言葉に表す。効果が表れる。症状が
表れる。甘えが態度に表れる。不景
気の影響が表れる。

【現す・現れる】

隠れていたものが見えるようになる。
類出現する・登場する 対隠す・隠
れる・消える・消す

例姿を現す。正体を現す。本性を現
す。馬脚を現す。症状に現れる。主
人公が現れる。太陽が現れる。救世
主が現れる。

【著す】

本などを書いて世に出す。類著作・
著述

例多くの小説を著した作家。論文を著
す。

【顕す・顕れる】

隠れていたものをはっきりと見える
ようにする。類顕在化・露見する

例功績を世に顕す。世に顕れる。悪事
が顕れる。本性が顕れる。

「症状」などの場合、症状が具体的な
形となって「あらわれる」と考えれば
「症状に表れる」になり、隠れていた
病気が症状として「あらわれる」と考
えれば「症状が現れる」と書くことに
なるが、あまり細かくこだわらず「症
状に表れる・現れる」「症状が表れ
る・現れる」のいずれでも使われてい
る。

ある

【有る】

所有する。備わる、含まれる。存在
する。活動などが行われる。ありの
ままである。類含有する・保有する
対無い

例資金が有る。有り余る才能。風味が
有る。机の上に本が有る。今日はお
稽古が有る。有り合わせの材料で
作った料理。有り金。有り体に言え
ば。

【在る】

その場所に存在する。その人や物に
所属する。ある状態になっている。

例本は机の上に在る。日本に在る湖。
財宝の在りかを探る。責任は私に在
る。増加傾向に在る。重要な地位に
在る。教育の在り方を論じる。在り
し日の面影。

あ あらわす・あらわれる ▼ ある

15

「存在する」という意味で使うとき、「有る・無し」が問題になっている場合は「有」を使う。ただし、一般的にはかなで書かれることが多い。

【合わせる】

ひとつにする。調和させる、一致させる。合算する。対面する。

例手を**合わせ**て拝む。Aの値とBの値を**合わせ**る。調子を**合わせ**る。呼吸を**合わせ**る。時計を**合わせ**る。力を**合わせ**る。**合わせ**味噌。2人の所持金を**合わせ**る。**合わせ**る顔がない。

【併せる】

別のものを並べて一緒に行う。

例プラス面とマイナス面を**併せ**て考える。交通費を**併せ**て支給する。**併せ**てご健康をお祈りします。清濁**併せ**のむ。

あわせた結果ひとつになる場合は「合」、別々のままである場合は「併」を使う。味噌と醤油を混ぜ合わせて使うときは「味噌と醤油を**合わせ**て使う」、味噌と醤油を別々にひとつの料理に使う場合は「味噌と醤油を**併せ**て使う」のように使い分ける。

【案配】

ほどよく並べたり、取り合わせたりすること。

例庭石の**案配**がみごとだ。うまく**案配**してほしい。

【塩▽梅】

ほどよい味かげんに調えること。体の具合。うまい具合に物事が進むこと。類加減・調子

例その日の気温によって料理の**塩梅**は変わる。**塩梅**酢。**塩梅**が悪くて休んでいる。いい**塩梅**に晴れてきた。

「案配」は「按排」「按配」と書くこともある。「ほどよく並べたり、取り合わせたりする」場合以外は「塩梅」を使えばよい。

い

いい →よい

いう

【言う】

言葉を口から出す。表現する。名乗る。

例台詞を**言**う。意見を**言**う。人々からそう**言**われている。田中と**言**います。

【云▽う】

「…がいうには」という意味で、書物

やほかの人の言葉の引用を表す。類
曰く
例ことわざの云う「災いを転じて福となす」だ。ハムレットは「生きるか死ぬかそれが問題だ」と云った。

【謂う】

よく人々から言われている。類所謂
例世に謂う「恋煩い」だ。人は彼のことを「令和のスーパースター」と謂う。

▼ 一般的には「言」を使う。「いわく」という意味のときに「云」、「いわゆる」という意味のときに「謂」を使うことができるが、いずれも古風な、古めかしい感じになる。「いう」は、「…という」「こういう」「なんという」「とはいえ」など、ほかの言葉と結びついて使われる場合もあるが、はっきりと言葉にする場合以外は、かなで書くことが多い。

いかす・いきる

【生かす・生きる】

命を保たせる、死なないようにする。能力や効果を発揮させる。対殺す・死ぬ
例生かさず殺さずの状態。あんなやつは生かしておけない。素材の味を生かす。アイドルとして生きる。あの約束は今でも生きていますか。

【活かす・活きる】

命を保たせる、死なないようにする。

能力や効果を発揮させる。類活用する
例経験を活かした仕事。隙間時間を活かす。活き造りの魚。活き活きとした子供たちの表情。

▼ 一般的には「生」を使うが、「活」を使うと生命の躍動を感じさせたり、能力や効果を十二分に発揮していることを表したりすることができる。

いく　　　　　　　　→ゆく

いし

【意志】

思ったことをなしとげようとする、心の働き。
例意志を貫く。意志を曲げる。

【意思】

しようと思っている内容。
例意思表示をする。本人の意思に委ねる。自由意思。意思決定する。

【遺志】

亡くなった人の生前の考え。
例故人の遺志を継ぐ。

▼ 「意志」はやりとげようとする強い気持ちに重点があり、「意思」は考えたり思ったりしていることに重点がある。法律関係では「意思」が使われることが多い。

いしゅく

【畏縮】

おそれなどによって縮こまること。
例どなられて**畏縮**する。

【萎縮】

しぼんで縮むこと。勢いや元気がな
くなること。類いじける・なえる
例**萎縮**した声。そんなに**萎縮**すること
はないよ。

「**畏**」には「おそれる、かしこまる」、
「**萎**」には「なえる、しぼむ、しおれる」
という意味があることを考えると使い
分けがしやすい。「**萎縮**」は「**委縮**」と書
かれる場合もある。

いじょう

【異常】

正常ではない様子、特別な様子。程
度が非常に大きい様子。類アブノー
マル 対正常
例検査したが、**異常**はなかった。**異常**
気象。

【異状】

ふつうとは違った状態。
例特に**異状**はない。**異状**があったら知
らせてくれ。

「**異常**」はアブノーマルなことをいい、
「**異状**」は変化や変調をいう。「**異状**」は
「ある／なし」を伴って使われることが
多い。

いたく

【委託】

ほかの人に任せてやってもらうこと。
類委嘱いしょく・委任・嘱託しょくたく
例販売業務を**委託**する。

【依託】

物にもたせかけること。ほかの人に
任せてやってもらうこと。
例**依託**射撃。

「ほかの人に任せてやってもらうこと」
という意味では「**委託**」「**依託**」のどち
らを使ってもよいが、特定の仕事や
業務などに関する場合や法律では「**委
託**」が使われる。

いだく

【抱く】

両腕でかかえるように持つ。周りを
取り囲む。心にもつ、心に思う。
例胸に**抱**かれる。山に**抱**かれた里。希
望を**抱**く。卑劣な行為に怒りを**抱**く。

【懐▽く】

心にもつ、心に思う。
例恋心を**懐**く。胸に**懐**いた思い。

一般的には「**抱**」を使うが、心の中で
思ったり考えたりしていることについ
て「**懐**」を使うこともある。

【頂く】

頭の上や頂上にのせる。「もらう」の謙譲語、つつしんで受ける。「食べる・飲む」の謙譲語・上品な言い方。

例雪を頂いた山。総裁として頂く。お土産を頂く。手料理を頂く。

【戴▽く】

頭の上にのせる。「もらう」の謙譲語、つつしんで受ける。「食べる・飲む」の謙譲語・上品な言い方。

例王冠を戴く。名誉な賞を戴く。じゅうぶん戴きました。

▼一般的には「頂」を使うが、同じ意味で「戴」も使える。ただし、「戴」には、「頂上や高いところにのせる」という意味はなく、「頭の上にのせる」場合か、頭の上の比喩になっている場合に限定される。「戴」を使うと、より丁寧なニュアンスや古風なニュアンスになる。

【痛ましい】

よくないことやひどい状況を見て、つらくて胸がしめつけられるような気持ちになる。

例痛ましい事故。胸が痛ましい。

【傷ましい】

よくないことやひどい状況を見て、つらくて胸がしめつけられるような気持ちになる。

例傷ましい事故。胸が傷ましい。

▼一般的には「痛」を使う。「傷」を使うと、より強く「つらさ」を感じているというニュアンスが出せる。より強い「いたましさ」を表す場合に「惨」を使うこともある。

【痛む・痛める】

体に痛みを感じる。苦しく思う。類苦痛

例歯が痛む。今でも胸が痛む。懐が痛む。心を痛める。借金の返済に頭を痛める。腰を痛める。

【傷む・傷める】

傷がついたり壊れたりして、状態が悪くなる。腐りかける。ひどく悲しむ。類傷心する

例床が傷む。みかんが傷む。髪が傷む。家の傷みがひどい。心を傷める。引っ越しで家具を傷める。

【悼む】

人の死を嘆き、悲しむ。類哀悼する・追悼する

例故人を悼む。親友の死を悼む。

▼「痛」は苦痛を感じたときに、「傷」は傷ついたときや故障したときに使う。「心をいためる」は「痛」も「傷」も使える

が、一般的なのは「痛」で、「傷」を使うと、より悲しく思っている(心が傷ついている)ニュアンスになる。

いたる

【至る】

行きつく、通じる。ある時期や時刻になる。続いてきたものが、ある状態になる。ある範囲の中のすべてのもの。園およぶ・到達する・到着する

例頂上へ至る道。今日に至るまで。大事に至る。子供から大人に至るまでみんなに喜ばれる。

【到゚る】

行きつく、通じる。ある時期や時刻になる。園到達する・到着する

例頂上へ到る道。今日に到るまで。

 一般的には「至」を使う。「行きつく、通じる。ある時期や時刻になる」という意味で「到」を使うこともできる。

いっかん

【一貫】

最初から最後まで同じやり方や考えで貫きとおすこと。ひと続きであること。

例一貫した方針。首尾一貫。終始一貫。一貫した態度をとる。小中高一貫教育。

【一環】

全体の中の一部分や互いに関係のあるものの一部。

例計画の一環。学校行事の一環。取り組みの一環として…する。

 「一貫」は態度や考え方について使われ、「一環」は物事について使われる。「貫」は、重さの単位(1貫=1,000匁ん・3.75kg)や貨幣を数える単位(1貫=1,000文)として使われていた。

いっぴん

【一品】

ひとつの商品や料理、ひとしな。最もすぐれた品物。園一点

例お薦めの一品。一品料理。天下一品。

【逸品】

特にすぐれた品物。園絶品

例逸品ぞろい。天才画家の晩年の逸品。

 「逸品」は、美術品や骨董ぢ品に使われることが多い。

いつわる

【偽る】

本心や事実とは異なることを言ったりしたりする。見せかける。

例身分を偽る。世間を偽る。息子と

偽って電話をかける。偽らざる気持ち。▽

【詐▽る】

本心や事実とは異なることを言ったりしたりする。嘘をついてだます。
類詐欺

例身分を詐る。世間を詐る。息子と詐って電話をかける。

♦一般的には「偽」を使う。「詐」を使うと、故意に悪意をもってだますというニュアンスが強くなる。

【異同】

違うところ、違っている点、違い。
類差異・相違

例異同を調べる。2人の意見に異同はない。

【異動】

組織の中で所属や地位が変わること、人事の動き。

例春の人事異動。経理部に異動する。

【移動】

場所が変わること。

例移動図書館。移動経路。席を移動する。

♦「異動」は、役所の手続きで使われる場合に、住所や本籍地が変わることを表すこともある。

【戒め・戒める】

してはいけないことをやめさせること。してはいけないことをしないように注意すること。おきて。類訓戒・注意

例戒めを守る。先人の戒め。みずからを戒める。ぜいたくを戒める。

【警▽め・警▽める】

してはいけないことをやめさせること。してはいけないことをしないように命令すること。おきて。類警告

例警めを守る。先人の警め。夜間の外出を厳しく警める。

【誡▽め・誡▽める】

してはいけないことをやめさせること。してはいけないことをしないように注意すること。おきて。類訓戒・注意

例誡めを守る。先人の誡め。みずからを誡める。ぜいたくを誡める。

【縛▽め・縛▽める】

縄などで縛って動けないようにすること。

例縛めを解く。犯人の両手を縛める。厳しく監視して行動を縛める。

♦してはいけないことを禁じることをいう場合は、一般的には「戒」を使う。「警」を使うと、より厳しく禁止したり命令したりするニュアンスになる。「戒

21

める」は、目下の者の行動を禁じることをいい、目上の者に対しては「諫（いさ）める」という。また、「戒」と同じ意味で「誡」が使われることもある。

いる

【入る】

中にはいる。ある状態になる。上の動詞の表す気持ちを強める言葉。

例 念入りに仕上げる。仲間入り。気に入る。悦に入る。飛んで火に入る夏の虫。恐れ入ります。

【要る】

ないと困る状態である、必要とする。

例 もっと人手が要る。お金は要りません。保証人が要る。親の承諾が要る。

💡 「入（い）る」は「入（はい）る」と同じように使われるが、「気に入る」「悦に入る」など慣用的な言い回しでは「入（い）る」を使う。

いれる

【入れる】

外から中へ移す。中に加える、混ぜる。力や作用を加える。他人の意見や考えを聞いてそれを認める。お湯を注いだり、煮立てたりして、茶などをつくる。対 出す

例 カバンに書類を入れる。仲間に入れる。刀を入れる。念を入れる。スイッチを入れる。要望を入れる。コーヒーを入れる。

【容れる】

空間に人や物を収める。他人の意見や考えを聞いてそれを認める。類 収容する・容認する 対 斥（しりぞ）ける

例 1万人を容れるホール。要望を容れる。

【淹れる】

お湯を注いだり、煮立てたりして、茶などをつくる。

例 コーヒーを淹れる。

💡 一般的には「入」を使う。「淹」はお湯を注いだり、煮立てたりしない飲み物をグラスなどに入れる場合には使えない。

う

うかがう

【伺う】

「聞く、問う、尋ねる」の謙譲語。「訪ねる、訪問する」の謙譲語。類 拝聴する・訪問する

例 お話を伺う。お名前を伺ってもよろしいですか。お伺いを立てる。3時に事務所に伺います。

【窺う】

そっと様子をみる。様子をみながら機会を狙う。推測する、推しはかる。類 観察する・推測する

例顔色を**窺**う。部屋の中を**窺**う。隙を**窺**う。反撃のチャンスを**窺**う。苦労のほどが**窺**われる。

▽「ご機嫌を**伺**う」は元気に過ごしているかを尋ねる意味になり、「ご機嫌を**窺**う」は相手の気分がどうか、様子を探るという意味になる。

うける

【受ける】

与えられる。応じる。ほかの行為などの影響がある。好まれる。

例大きな声援を**受**ける。賞を**受**ける。風を**受**ける。電話を**受**ける。質問を**受**けつける。試験を**受**ける。ショックを**受**ける。冗談が**受**ける。若者に**受**ける。注文を**受**ける。命令を**受**ける。保護を**受**ける。相談を**受**ける。

【請ける】

仕事などを行う約束をする、引き受ける。代金を払って取り戻す。顔受託する

例工事の発注を**請**ける。仕事を**請**け負う。納期を**請**け合う。質ぐさを**請**け出す。入札で仕事を**請**ける。下**請**けに出す。

【享▽ける】

与えられる。顔授かる

例この世に生を**享**ける。愛情を**享**けて育つ。

【承▽ける】

きちんと受けとめて応じる。顔うけたまわる

例調査の結果を**承**けて方針を決める。いい評価を**承**けて次のステップへ向かう。

▽多くの場合は「**受**」を使うが、仕事などを引き受けるときは「**請**」を使う。また、「**享**」は努力して与えられたものではなく、生まれつきや運命的に与えられたものについて使うと意味が際立ち、「**承**」は「うけた結果や内容」を踏まえて次の行動に移っているというニュアンスを出すことができる。

うしなう

【失う】

持っていたものをなくす。持つことができずに逃す。大切な人に死なれる。

例財産を**失**う。災害で家を**失**う。命を**失**う。機会を**失**う。友を**失**う。最愛の母を**失**う。

【喪▽う】

持っていたものをなくす。持つことができずに逃す。

例財産を**喪**う。災害で家を**喪**う。記憶を**喪**う。友を**喪**う。最愛の母を**喪**う。

【亡▽う】

大切な人に死なれる。

例友を**亡**う。

一般的には「**失**」を使う。うしなったことの悲しみや虚脱感に重点を置くときは「**喪**」を使うと効果的。「**亡**」は人に死なれたときに使うが、うしなってしまって二度と取り戻せないものに対して、「故郷を**亡**ってしまった」のように使うこともできる。

うた

【歌】

曲の付いた歌詞。和歌。

例小学校時代に習った**歌**。美しい**歌**声が響く。古今集の**歌**。

【唄】

邦楽・民謡など。

例小**唄**の師匠。長**唄**を習う。馬子**唄**が聞こえる。

一般的には「**歌**」を使う。「**唄**」は、伝統的かつ生活の中にある「うた」という雰囲気がある。歌詞や近現代の詩について「**詩**」を使うことがある。

うたう

【歌う】

節をつけて声に出す。歌や詩としてつくる。

例懐かしい曲を**歌**う。小鳥が**歌**う。愛を**歌**った曲。童謡を**歌**う。ピアノに合わせて**歌**う。

【謡う】

謡曲をうたう。

例謡曲を**謡**う。結婚披露宴で「高砂（たかさご）」を**謡**う。

【唄▽う】

三味線などに合わせて民謡や俗謡をうたう。口ずさむ。

例民謡を**唄**う。小唄を**唄**う。小声で**唄**う。

【唱▽う】

ほかの人にもわかるように明確にうたう。

例結婚式でお祝いの歌を**唱**う。コンクールで**唱**う。

【詠▽う】

歌や詩としてつくる。

例多くの和歌に**詠**われている。故郷への思いを**詠**った詩。

【謳▽う】

効果や特色をはっきり示す。褒めたたえる。条文に記す。

例**謳**い文句。日本最強と**謳**われる。憲法で**謳**う。

「**謡**」は、現代では「謡曲をうたう」場合にのみ使う。

【内】

囲まれたところ、内部。心の中。対外

例 内にこもる。ポケットの内。これも業務の内だ。手の内。内に秘めた思い。

【中▽】

囲まれたところ、内部。心の中。対外

例 中にこもる。ポケットの中。これも業務の中だ。中に秘めた思い。

【家▽】

いえ。自分の家族。家庭。類家屋・自宅 対よそ

例 隣に家が建つ。家の母です。暗くなったので家へ帰ろう。

【裡▽】

その状態のまま。

例 大成功の裡に終える。無意識の裡に。

▼ 「内」には、「ある範囲や期間、組織に含まれること」という意味があり、「暗くならないうちに」「うちの社員」などの例が挙げられるが、この場合はかなで書くことが多い。

【打つ】

強く当てる。叩く。あることを行う。

例 転倒して頭を打つ。ボールを打つ。釘を打つ。注射を打つ。点を打つ。平手で打つ。電報を打つ。心を打つ話。碁を打つ。芝居を打つ。逃げを打つ。

【討つ】

相手を攻め滅ぼす。類討伐する

例 仇を討つ。賊を討つ。闇討ち。義士の討ち入り。相手を討ち取る。

【撃つ】

鉄砲などで射撃する。攻撃する。

例 ピストルを撃つ。敵を迎え撃つ。イノシシを猟銃で撃つ。鳥を撃ち落とす。

▼ 拍手をしたりリズムをとったりする場合、「打」の代わりに「拍」を使うこともある。手に持ったものや手で相手を叩く場合、「打」の代わりに「撲」を使うこともある。注射をうつ場合、「打」の代わりに「射」を、矢や玉を放つ場合、「撃」の代わりに「射」を使うこともある。大勢で相手を攻め滅ぼす場合、「討」の代わりに「伐」を使うこともできる。

うつす・うつる

【写す・写る】

そのとおりに書く、表現する。画像として残す。透ける。類コピーする・複写する・模写する

例板書をノートに写す。お手本を写す。写真を写す。ビデオに写る。裏写りする。

【映す・映る】

画像を再生する、投影する。反映する。印象を与える。

例映画を映す。スクリーンに映す。世相を映す。生意気に映る態度。水面に姿が映る。ビデオに映る。

「ビデオにうつる」は、被写体として撮影される場合は「写」を、その姿が再生される場合は「映」を使う。

うつす・うつる

【移す・移る】

場所や所属を変える。状態を変える、動きを起こす。病気を伝染させる。類移動する・感染する

例行動に移す。風邪を移す。部屋を移る。

【遷▽す・遷▽る】

都や生活の場所、所属を変える。類左遷する・遷都する

例都を遷す。居を遷す。営業部へ遷る。

病気を伝染させる場合、「染す」「伝染す」「感染す」を使うこともある。

うまれる・うむ

【生まれる・生む】

誕生する。新しく作り出す。

例子供が生まれる。武士の家に生まれる。新記録が生まれる。流行が生まれる。京都に生まれる。下町の生まれ。カエルが卵を生む。傑作を生む。

【産まれる・産む】

母の体外に出る。類出産する・誕生する・分娩

例子供が産まれる。カエルが卵を産む。産みの苦しみ。来月が産み月になる。

「子供がうまれる」というときは、「母の体外に出る(出産)」という視点から「産」を使うこともあるが、一般的には「誕生する」という意味で「生」を使うことが多い。

うらみ・うらむ

【恨み・恨む】

相手や周囲の状況を憎らしいと思い、仕返しをしたいと思う。自分のしたことを悔やむ。類遺恨・怨恨・後悔する

例恨みを晴らす。食べ物の恨み。恨みを買う。うかつな自分の行動を今さ

ら恨んでも仕方がない。冷たい仕打ちを恨む。

【怨〵み・怨〵む】

相手や周囲の状況を憎らしいと思い、仕返しをしたいと思う。類怨恨・怨念

例怨みを買う。怨みを晴らす。冷たい仕打ちを怨む。

相手や周囲の状況についての不満を表すときは「恨」を使うのが一般的だが、「怨」を使うとより強く憎らしい思いが表現できる。残念に思うことを表すときには「憾」を使うこともできる。「憾」は「…する憾みがある」といった形で「…する傾向がある」という意味を表すときにも使える。

うれい・うれえる

【憂い・憂える】

物事が悪い状態になるのではないかと心配すること。心をいためる。類案じる・おそれる・心配

例憂い顔。後顧の憂い。災害を招く憂いがある。国の将来を憂える。

【愁い・愁える】

もの悲しい気持ち。嘆き悲しむ。

例春の愁い。愁いを帯びた瞳。愁いに沈む。友の死を愁える。

「うれい（憂い・愁い）」は、「うれえ（憂え・愁え）」から変化した言い方だが、

現在は「うれい」が一般的。「備えあればうれいなし」は、『書経』「説命ふ中」が典拠であり、「うれい」は「患」が使われる。

え

えいき

【英気】

何かをしようという、気力や元気。

例英気を養う。英気を蓄える。

【鋭気】

鋭い気性や勢い。強い意気込み。

例鋭気をくじく。鋭気に満ちた顔。

「英気」は休養したりリフレッシュしたりすることで回復できるので「えいきを養う」というときは「英気」を使う。「鋭気」を慣用的に使うこともあるが、厳密には間違い。

えいぞう

【映像】

電気的な光で映し出される、物の姿や形。映画やテレビの画像。頭の中や記憶に浮かぶ姿や形。

例映像作品。映像を記録する。ニュース映像。夢に見た映像。

【影像】

頭の中や記憶に浮かぶ姿や形。肖像。類イメージ・面影

例夢に見た**影像**。亡き友の**影像**。**影像**に祈る。

「**影像**」は絵画・彫刻・写真などで使うことがある。

えがく

【描く】

絵や図で表現する。絵にかくように言葉や音楽で表現する。絵にかくように心に思い浮かべたり示したりする。題描写する

例風景画を**描く**。生きる喜びを**描いた**小説。まぶたに**描く**。弧を**描いて**飛ぶ。

【画▽く】

線を使って絵や図で表現する。
例図形を**画く**。コンパスで円を**画く**。

一般的には「描」を使う。「画」を使うと、線で表現したことが強調できる。

える

【得る】

手に入れる、自分のものにする。うまく理解できる。よくないものを身に受ける。(「…える」の形で)…することができる。題入手する

例知識を**得る**。信頼を**得る**。機会を**得る**。承認を**得る**。要領を**得た**説明。病を**得る**。あり**得ない**事件。涙を禁じ**得ない**。言い**得て**妙だ。

【獲る】

狩りや漁をしてつかまえる。戦って奪いとる。努力して手に入れる。題獲得する・勝ちとる・捕獲する

例狩りで**獲られた**のはウサギ1匹だけだった。やっとの思いで**獲た**地位。

「**獲る**」は、現在では「獲物」以外にはあまり使われなくなった。「獲物」は、狩りや漁でつかまえた獣や魚のこと。ちなみに「得物」は、相手と戦うための武器のことをいう。

お

おおう

【覆う】

何かをかぶせて外から見えなくしたり、隔てたりする。全体に広がる。題隠す・かぶせる・包む

例手ぬぐいで顔を**覆う**。目を**覆う**。雪に**覆われる**。

【被▽う】

包み込む。題かぶせる・包む

例穴をビニールシートで**被う**。硬い殻で**被われる**。

【蔽▽う】

外から見えなくする。隠す。題遮蔽する

例カーテンで**蔽う**。雲が月を**蔽う**。失敗を**蔽い**隠す。

【蓋う】

上から何かをかぶせて外から見えなくしたり、隔てたりする。全体に広がる。**類**蓋をする

例手ぬぐいで顔を蓋う。目を蓋う。雪に蓋われる。

【掩う】

何かをかぶせて外から見えなくしたり、隔てたりする。

例手ぬぐいで顔を掩う。目を掩う。雪に掩われる。

💡 一般的には「覆」を使う。「被」は体や中身を包み込むときに使うことができる。「蔽」を使うと、「見えなくする、隠す」ニュアンスが強調され、「蓋」を使うと、「蓋をするように上からかぶせる」ニュアンスが強調される。刺激や攻撃などから「中身を守る」ニュアンスの場合、「掩」が使われることもある。

おおがた →かた

おか

【丘】

山というには低い、緩やかに盛り上がった土地。

例小高い丘。丘に登る。

【岡】

山というには低い、緩やかに盛り上がった土地。

例小高い岡。岡に登る。岡山県。岡っ引き。岡目八目。

【陸】

陸地。陸上。**対**海

例陸が見えた。陸に上がる。陸ひじき。

💡 「丘」と「岡」は同じ意味で使えるが、地名や慣用表現では「岡」が使われていることが多い。

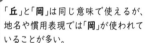

【犯す】

法律や倫理などに反する。してはならないことをする。**類**犯行・犯罪

例法を犯す。罪を犯す。過ちを犯す。ミスを犯す。

【侵す】

よその国や人の土地に無断で入りこんだり、権利などをそこなったりする。**類**侵害する・侵入する

例国境を侵す。プライバシーを侵す。病に侵される。権利を侵す。学問の自由を侵す。

【冒す】

困難なことをあえて行う。神聖なものを汚す。病気にかかる。**類**冒険する・冒瀆する

例危険を冒す。激しい雨を冒して行く。尊厳を冒す。病に冒される。

💡 「病に侵される」は、「病に冒される」

に比べて「病気が身体に侵入する」と
いうニュアンスがある。

おくる

【送る】

届ける。見送る。次に移す。過ご
す。

例 荷物を**送る**。声援を**送る**。**送り**状。
卒業生を**送る**。順に席を**送る**。楽し
い日々を**送る**。

【贈る】

金品などを人に与える。

例 お祝いの品を**贈る**。感謝状を**贈る**。
名誉博士の称号を**贈る**。

> 「**送る**言葉」は卒業式などで在校生が
> 卒業生を「おくる」挨拶の言葉、「**贈る**
> 言葉」は受賞者や祝福する相手に対し
> て「おくる」言葉を指す。「拍手をおく
> る」「喝采をおくる」など、健闘や善
> 行を称える場合の「おくる」は、「**送**」
> 「**贈**」どちらも使われることがある。

おくれる

【遅れる】

時刻や日時に間に合わない。進み方
が遅い。類 遅くなる・滞る 対 進む・
間に合う

例 約束の時間に**遅れる**。完成が**遅れ**
る。時計が**遅れる**。電車に**遅れる**。
学校に**遅れる**。会合に**遅れる**。手遅
れになる。開発の**遅れた**地域。出世

が**遅れる**。人に**遅れ**をとる。

【後れる】

後ろになる。取り残される。

例 先頭から**後れる**。人に**後れ**をとる。
後れ毛。気**後れ**する。死に**後れる**。

> 「先頭からおくれる」は、「先頭より後
> ろの位置になる」という意味で「**後**」を
> 使うが、「先頭より進み方が遅い」と
> いう視点から「**遅**」を使うこともでき
> る。「人におくれをとる」も同様に「**遅**」
> も「**後**」も使うことができる。

おこす・おこる

【起こす・起こる】

立たせる。新たに始める。発生す
る。目を覚まさせる。類 生じる 対
倒す・寝かす

例 体を**起こす**。事業を**起こす**。やる気
を**起こす**。朝早く**起こす**。訴訟を**起**
こす。事件が**起こる**。雪崩が**起こ**
る。暴動が**起こる**。持病が**起こる**。
物事の**起こり**。

【興す・興る】

あることを始めて、盛んにする。

例 産業を**興す**。没落した家を**興す**。国
が**興る**。

> 「事業をおこす」は、「新たに始める」
> という意味で「**起**」を使うが、その事業
> を「始めて、盛んにする」という視点
> から「**興**」を使うこともできる。

おごり・おごる

【奢゛り・奢゛る】

ほかの人のぶんも代金を払ってごちそうする。必要以上にぜいたくをする。題奢侈・ぜいたく

例今晩は私の奢りだ。奢りをきわめる。コーヒーを奢ってもらう。口が奢る。

【驕゛り・驕゛る】

自分の能力や権力などを鼻にかける。また、その心。慢心。題驕慢・傲慢 対謙虚

例君のその驕りが身の破滅を招いたのだ。驕る平家は久しからず。驕った態度。

【傲゛り・傲゛る】

自分の能力や権力などを鼻にかける。また、その心。慢心。題傲慢 対謙虚

例君のその傲りが身の破滅を招いたのだ。傲った態度。

💡「ごちそう」「ぜいたく」については「奢」を使い、「謙虚さを欠いた行動」については「驕」を使う。「傲」を使うと高慢さがより強調できる。

おさえる

【押さえる】

力を加えて動かないようにする。手などで覆う。確保する。つかむ。

例傷口を押さえる。証拠を押さえる。スケジュールを押さえる。要点を押さえる。紙の端を押さえる。差し押さえる。耳を押さえる。

【抑える】

勢いを止める、食い止める、我慢する。題こらえる・制する・封じる・抑止・抑制

例物価の上昇を抑える。相手チームを抑える。涙を抑える。反撃を抑える。要求を抑える。

💡重みのあるもので押さえるとき、「上から圧さえつける」など「圧」を使うと、重みを強調することができる。

おさまる・おさめる

【収まる・収める】

中に入る。解決がつく、片づく。手に入れる。よい結果を得る。題収束する・収納する・入手する

例博物館に収まる。争いが収まる。風が収まる。丸く収まる。矛を収める。権力を手に収める。成功を収める。効果を収める。財布に収める。目録に収める。手中に収める。

【納まる・納める】

あるべきところに落ち着く。とどめる。引き渡す。終わりにする。

例社長の椅子に納まる。国庫に納まる。家賃を納める。絵馬を納める。胸に納める。歌い納める。税を納める。注文の品を納める。見納め。

【治まる・治める】

問題のない状態になる。統治する。圏鎮まる・治療する
例痛みが治まる。国内がよく治まる。せきを治める薬。領地を治める。

【修まる・修める】

人格や行いを立派にする。身につける。圏修得・習得・マスターする
例素行が修まる。学業を修める。身を修める。ラテン語を修める。

整理したり片づけたりしておさめる場合や自分のものにする場合は「収」を使い、税金や義務が伴うものなど、おさめるべきところにおさめる場合、おさめて終わりになって普通は取り出さない場合には「納」を使う。物事が平穏で順調な場合には「治」を使う。「修」には、「学んで善や徳を身につける」というニュアンスがある。「騒ぎがおさまる」など、物事が解決するまでの過程というニュアンスの場合には「収」、「国内がおさまる」など、物事が解決した状態というニュアンスの場合には「治」が使われることが多い。

おじ

【伯父】

(自分の)父、または母の兄。伯母の夫。対伯母
例親戚の伯父さん。

【叔父】

(自分の)父、または母の弟。叔母の夫。対叔母
例親戚の叔父さん。

【小父▽】

よその年配の男性を呼ぶ語。対小母
例近所の小父さん。

「小父」は「さん」「様」をつけて使う。

おじいさん

【御▽祖▽父▽さん】

祖父を呼ぶ、親しみのこもった言葉。対御祖母さん
例御祖父さんと父はよく似ている。

【御▽爺▽さん】

年をとった男性を呼ぶ、親しみのこもった言葉。対御婆さん
例御爺さんは山へ柴刈りに…。近所の御爺さん。

「御祖父ちゃん」「御爺ちゃん」も同様の使い分けをする。改まった場面では「御祖父さん」を「祖父」という。

おす

【押す】

上や横などから力を加える。勢いが優勢である。確かめる。圏圧倒する対引く

例扉を押す。ブザーを押す。判子を押す。相手チームを押す。念を押す。横車を押す。押し付けがましい。

【推す】

推薦する。推測する。推進する。類推量する

例委員長に推す。推して知るべしだ。計画を推し進める。

【圧▽す】

上から力を加える。勢いが優勢である。類圧倒する

例バナナを圧して潰す。相手の気迫に圧される。

【捺▽す】

印や型などを上から力を加えて写す。類捺印する

例印鑑を捺す。手形を捺す。

▽一般的には「押」を使うが、「推薦する」「推測・推量する」「推進する」場合は「推」を使う。「重み」を強く感じさせたい場合に「圧し潰す」のように「圧」を使うことがある。判子などを「おす」場合は「捺」を使うこともある。

【恐れ・恐れる・恐ろしい】

おそろしいと感じる。悪いことが起こるのではないかと心配したり懸念したりする。類危ぶむ・危惧する・恐怖・こわがる

例恐れをなす。死への恐れが強い。恐れおののく。火災の恐れがある。恐れ多いお言葉。失敗を恐れる。報復を恐れて逃亡する。恐ろしい目にあう。恐ろしい寒さだ。

【畏れ・畏れる】

おそれ敬う。かたじけなく思う。類畏怖する

例師を畏れ敬う。畏れ多いお言葉。神を畏れる。

【虞】

心配や懸念。類危惧

例嵐になる虞がある。

▽「恐」は「怖」と書かれることがある。「怖」は「恐」に比べると「おそろしさ」より「心配や懸念」に重点を置いた表現になる。「おそれおおい」の「おそれ」は、「かたじけなく思う」という意味で「畏」を使うが、「恐縮」「恐れ入る」などからの連想で「恐」を使うこともある。「心配・懸念」の意味で使う「おそれ」に対して「虞」を使うが、現在は「恐れ」を使うか、かな書きすることが一般的。

【落ちる・落とす】

高いところから低いところへ下がる。程度や質を下げる。悪い状態になる。ついていたものをなくす、失う。不合格になる。あるべきものが抜け

る、漏れる。顋下げる・落下する

対上がる・上げる

例木の葉が落ちる。雷が落ちる。スピードが落ちる。名簿から名前が落ちている。汚れが落ちる。大学に落ちる。成績を落とす。音量を落とす。

【堕▽ちる・堕▽とす】

悪い状態になる、おちぶれる、だめになる。顋堕落する

例地獄に堕ちる。身を堕とす。

【墜▽ちる・墜▽とす】

高いところから低いところへ下がって地面などにぶつかる。顋墜落する

例雨のしずくが墜ちる。巨星墜つ。評判が地に墜ちる。撃ち墜とす。

💡 一般的には「落」を使う。「悪い状態」を表す場合は「堕」、「墜落する」を表す場合は「墜」を使うことができる。

おどかす・おどし・おどす

【脅かす・脅し・脅す】

怖がらせて相手に言うことをきかせようとする。驚かす。顋脅威・脅迫する

例大声で脅かす。脅し文句。脅しに屈する。ピストルで脅す。

【威▽かす・威▽し・威▽す】

怖がらせて相手に言うことをきかせ

ようとする。驚かす。顋威嚇する

例力を見せつけて威かす。虚仮威し。ピストルで威す。

【嚇▽かす・嚇▽し・嚇▽す】

怖がらせて相手に言うことをきかせようとする。驚かす。顋威嚇する・脅迫する

例大声で嚇かす。嚇し文句。嚇しに屈する。ピストルで嚇す。

💡 一般的には「脅」を使う。「威」は雰囲気や態度で「おどす」場合に、「嚇」は言葉で「おどす」場合に使うことが多い。

おどる

【踊る】

リズムに合わせて体を動かす。揺れる。操られる。顋舞う

例ダンスを踊る。光が踊る。音楽に乗って踊る。盆踊り。踊り場。踊らされて動く。噂に踊らされる。甘言に踊らされる。

【躍る】

跳びあがる。心が弾む。乱れる。顋弾む・わくわくする

例吉報に躍り上がって喜ぶ。小躍りする。心躍る出来事。字が躍っている。胸が躍る思い。

💡 ダンスを「おどる」場合と操られる場合は「踊」を使い、ジャンプをするよう

に体や心が弾んでいるときや躍動感を表現したい場合は「躍」を使う。

おば

【伯母】

(自分の)父、または母の姉。伯父の妻。対伯父

例親戚の**伯母**さん。

【叔母】

(自分の)父、または母の妹。叔父の妻。対叔父

例親戚の**叔母**さん。

【小母▽】

よその年配の女性を呼ぶ語。対小父▽

例近所の**小母**さん。

「**小母**」は「さん」「様」をつけて使う。

おばあさん

【御▽祖▽母▽さん】

祖母を呼ぶ、親しみのこもった言葉。対御祖父▽さん

例**御祖母**さんと母はよく似ている。

【御▽婆▽さん】

年をとった女性を呼ぶ、親しみのこもった言葉。対御爺▽さん

例**御婆**さんは川へ洗濯に…。近所の**御婆**さん。

「**御祖母**ちゃん」「**御婆**ちゃん」も同様

の使い分けをする。改まった場面では「**御祖母**さん」を「祖母▽」という。

おびえる

【脅▽える】

何かにおびやかされてびくびくする。

例銃声に**脅**える。妖しい人影に**脅**える。

【怯▽える】

何かを怖いと思ってびくびくする。

例小さな物音に**怯**える。怒られるのではないかと**怯**える。

何かに脅威を感じてびくびくしている場合に「**脅**」を使うと、「おびやかされている」ニュアンスがはっきり出せる。

おぼえる

【覚える】

経験したことや習ったことを頭に入れる。経験したことを身につける。感じる、気がつく。

例単語を**覚**える。仕事を**覚**える。コツを**覚**える。身に**覚**えがある。

【憶▽える】

経験したことを心にとめる。

例あのころのことをよく**憶**えている。

一般的には「**覚**」を使う。おもに「**憶**えている」の形で、長く忘れずにいることに「**憶**」を使うこともある。

【思う】

考えたり感じたりする。判断する。想像する。恋い慕う。希望する。
例思ったことを口にする。今度の仕事はうまくゆくと思う。将来のことを思う。恋人を思う。世界平和を思う。

【想▽う】

想像する。生き生きと頭に浮かべる。恋い慕う。類想起する
例将来のことを想う。青春時代を想い出す。恋人を想う。

【憶▽う】

過ぎたことを思い出す。類追憶
例ありし日を憶う。恩師の言葉を憶い出す。

【念▽う】

願う、希望する。強く思う。類祈念する
例世界平和を念う。復讐を念う。

【懐▽う】

大切に感じる気持ちをもつ。類懐旧・懐古
例子を懐う親の気持ち。感謝の懐いを手紙にしたためる。

一般的には「思」を使う。「想」は、姿や様子をありありと「おもいうかべる」ニュアンスがある。忘れずにいたことを「おもいだす」ときは「憶」を、何か

を強く願うときは「念」を使うことができる。「懐」を使うと「大切におもう気持ち」を込めることができる。

【表】

表面や正面などおもだつほう。公式なこと、公になること。家の外。類外・外側 対内・裏
例コインの表。表通り。表書き。不祥事が表沙汰になる。表で遊ぶ。表玄関。表参道。畳の表替え。表向き。

【面】

顔。物の表面や外面。
例面を上げる。批判の矢面に立つ。面を伏せる。湖の面に映る山影。

「表面」をいう際に「表」か「面」か紛らわしい場合は、裏や内と対比される「おもて」は「表」を使い、対比されない場合は「面」を使うと考えるとよい。

【降りる・降ろす】

乗り物から出る。空から地面に移る。低いほうへ移る。辞めさせる。対乗せる・登る・乗る
例電車を降りる。天使が舞い降りる。エレベーターで降りる。斜面を滑り降りる。委員長を降りる。高所から飛び降りる。月面に降り立つ。霜が降りる。病院の前で車から降ろす。

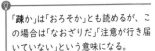

主役から降ろされる。

【下りる・下ろす】

上から下へ動く。切り落とす。引き出す。認める。新しくする、新品を始めて使う。圏下がる・下げる 対上がる・上げる

例階段を下りる。錠が下りる。許可が下りる。幕が下りる。肩の荷を下ろす。腰を下ろす。手を下ろす。枝を下ろす。貯金を下ろす。下ろし立ての背広。書き下ろしの短編小説。

【卸す】

問屋が小売店に売り渡す。

例小売りに卸す。定価の6掛けで卸す。卸売物価指数。卸問屋。卸値。

▽「位置」を意識して上から下へ動く場合は「下」を使う。ほとんどの場合は「下」でよいが、「空中からおりてくる」場合や、エレベーターなどのように「空中」を動くことを意識する場合には「降」を使う。

おろか

【愚か】

頭の働きが鈍い。考えや知能が足りない。賢くない。

例愚かな考え。愚か者。

【疎▽か】

無駄だ。甲斐がない。(「…は疎か」の形で)…はもちろんのこと、…

はいうまでもなく。

例言うも疎かだ。海外旅行は疎か、隣町の温泉にすら行ったことがない。

▽「疎か」は「おろそか」とも読めるが、この場合は「なおざりだ」「注意が行き届いていない」という意味になる。

おろす　　　　　　→おりる・おろす

おんじょう

【温情】

やさしい心、情け心、思いやりの心。

例温情ある判決。温情をほどこす。平素よりご温情を賜り…。

【恩情】

目下の者に対する思いやりの心。

例恩情に報いる。長きにわたるご恩情。

▽「思いやりの心」を一般的にいうときは「温情」を使う。「恩情」は、恩師や上司、親など、目上の人の「思いやりの心」についてのみ、いう。また「温情」も「恩情」も、ほかの人の「思いやりの心」のことをいうので、「私の温情」「私の恩情」とはいわない。

か

かいこ

【回顧】

自分の経験したことを振り返ること。
例回顧録。往時を回顧する。

【懐古】

昔を思い出して懐かしむこと。類懐
旧
例懐古趣味。懐古の情。青春時代を懐
古する。

「回顧」は、振り返ったことを肯定的
に思う場合もそうでない場合もある。
「懐古」には懐かしさなど、そのころを
肯定的に思う気持ちが伴う。

かいしん

【会心】

できばえに満足したり、物事がうま
く運んで満足したりすること。
例会心の作。会心の笑みを浮かべる。
会心の演奏。

【回心】

宗教において、間違った考えを捨て
て正しい信仰へ向かうこと。
例不思議な体験を通じて回心した。回
心して、熱心な信徒になる。パウロ
の回心。

【戒心】

間違ったことをしないように用心す
ること。注意深くすること、油断し
ないこと。
例戒心を要する。常に戒心している。

【改心】

これまでの行動や心がけの間違いに
気づいて、心を改めること。
例放蕩息子が改心する。心の底から
改心する。改心して仏門に入る。

「会」は「符合する・かなう」の意味が
あり、「会心」は「自分の心にかなう」と
いうこと。そこから「できばえや成り
行きに満足する」の意味で使う。

かいそう

【海草】

海中に生える種子植物(種から生育
する)。
例海草は水を浄化する。ジュゴンが海
草を食べる。海草肥料。

【海藻】

ワカメやヒジキなど、海中に生える
藻類(胞子で繁殖する)。
例海藻サラダ。海藻を採る。

「海草」と「海藻」は、まったく異なる生
物。「海草」を人間が食用にすることは
ない。2つを区別するために「海草」を
「うみくさ」ということもある。

| う。

【改定】

法律や制度などのそれまで定まっていたものをやめて、新しく決めること。類改正

例運賃改定。条約を改定する。

【改訂】

本や文書などの内容を改めて、直すこと。類訂正

例辞書を改訂する。改訂増補。

同じような意味の言葉に「改正」があるが、「改正」は規則や規約などの不備や不適切なところを改めることをいう。

【回答】

質問や問い合わせに対する返事。

例アンケートに回答する。質問の回答。回答を要求する。

【解答】

問題や質問に対する答え。正しい答え。

例テストの解答用紙。模範解答。解答を確かめる。

正解がなかったり答えが1つに決まっていなかったりする場合は「回答」を使い、正解があったり答えが1つに決まっていたりする場合は「解答」を使

【外灯】

建物の外につけられた電灯。類屋外灯

例外灯が門の周りを照らしている。庭園のレトロな外灯。

【街灯】

道路を明るくするために設けられた電灯。類街路灯

例街灯がいっせいに灯る。街灯が並んでいる。

公園や広場に設けられた電灯も「街灯」という。

【改変】

物事を別の形に変えること。類改革・変革

例システムの改変。規則を改変する。番組の改変。

【改編】

編成・編制しなおすこと、編集しなおすこと。

例組織改編。旧著の改編。番組の改編。

たとえば、「番組を改変する」というと個々の番組の内容を変更する意味、

「番組を**改編**する」というと番組表の構成を入れ替えたり差し替えたりして新たに組み立てなおす意味になる。

【開放】

開け放すこと。誰でも利用できるようにすること。対閉鎖

例**開放**感のある部屋。門戸**開放**。施設を**開放**する。

【解放】

束縛や制限を解き放って、自由にすること。対束縛

例奴隷**解放**。苦痛から**解放**される。

「**開放**」も「**解放**」も、「感」をつけることができ、「**開放**感のある部屋」「試験が終わり**解放**感に浸る」などのような形で使われる。一方、「**開放**」は「的」をつけることができ、「**開放**的な性格」のように「**開放**的」の形で使われるが、「**解放**」は「解放的」の形では使われない。

【返す・返る】

元の持ち主や元の状態などに戻す。向きを逆にする。重ねて行う。類復元する・返却する

例図書館に本を**返**す。借金を**返**す。恩**返**し。白紙に**返**す。手のひらを**返**す。本を読み**返**す。言葉を**返**す。思い**返**す。こだまが**返**る。われに**返**る。正気に**返**る。**返**り咲き。とんぼ**返**り。

【帰す・帰る】

自分の家や元いた場所に戻る。対行く

例生徒を家へ**帰**す。親元へ**帰**す。国へ**帰**る。客が**帰**る。船が港へ**帰**る。故郷へ**帰**る。生きて**帰**る。**帰**らぬ人となる。**帰**り道。

【反▽す・反▽る】

物の向きを反対にする。

例カードを**反**す。手のひらを**反**す。葉が裏に**反**る。

【還▽す・還▽る】

ひと回りして元の場所に戻る。類帰還する・生還する・返還する

例土に**還**す。ヒットが出てランナーが**還**る。世界一周の旅から**還**る。無事に生きて**還**ってきた。

【孵▽す・孵▽る】

卵を温めてひなにする。類孵化ふか する

例ひなを**孵**す。卵が**孵**る。

「**帰**」はおもに「人」に対して使う。「船が港へ**帰**る」のような例は、船を人にたとえた表現だと考えることができる。「人」でない場合は「**返**」を使うが、「われに**返**る」のように、元の「場所」ではなく、元の「状態」に戻る場合は「**返**」を使う。「**反**」は表裏など向きが逆

になる場合に使われ、「返」とも書かれる。「還」は、ひと回りする過程や出てから戻るまでの過程を意識したときに使う。

かえりみる

【顧みる】

過ぎ去ったことを思い起こして考える。気にかける、心にかける。類回顧する

例歴史を顧みる。失敗をも顧みず…。家庭を顧みる余裕がない。半生を顧みる。結果を顧みない。

【省みる】

自分の言動や考えを、あとでよく考える。反省する。類省察する

例昨日の発言を省みる。わが身を省みる。自らを省みて恥じるところがない。

「回顧する」場合は「顧」、「反省する」場合は「省」を使うと考えるとわかりやすい。

かえる   →かえす・かえる
かえる・かわる

【変える・変わる】

前と異なる状態になる。類変化する

例顔色を変える。形を変える。観点を変える。風向きが変わる。位置が変わる。気が変わる。心変わりする。声変わり。

【換える・換わる】

物と物を交換する。今までの物とは違う物にする。類交換する・転換する

例土地をお金に換える。空気を入れ換える。電車を乗り換える。名義を書き換える。配置が換わる。現金に換わる。

【替える・替わる】

新しく別のものにする。類交替する・代替する

例洋服を替える。クラス替えをする。頭を切り替える。振り替え休日。替え歌。図を差し替える。政権が替わる。世代が替わる。入れ替わる。日替わり定食。

【代える・代わる】

ある役割を別のものにさせる。おかわりをする。類代用する・代理する

例何ものも命には代えられない。試験に代えてレポートを課す。投手を代える。余人をもって代え難い。父に代わってお礼を言う。身代わりになる。親代わり。

「差しかえる」「入れかえる」「組みかえる」などの「かえる」は、「新しく別のものにする」という意味で「替」を使うが、別のものと「交換する」という視点からとらえて「換」を使うこともある。「両替する」は「両替え」と「え」は送らないのが一般的。

かおり・かおる

【香り・香る】

鼻で感じられるよい匂い。

例 コーヒーの香り。香水の香り。梅の
花が香る。

【薫り・薫る】

おもに比喩的・抽象的なかおり。あ
たりに漂うよい匂い。

例 文化の薫り。菊の花の薫りが漂う。
風薫る五月。

一般的には「香」を使う。「薫」を使うと、
そこはかとない感じよい雰囲気を
感じさせることができる。

かがく

【化学】

物質の性質や変化について研究する
学問。ケミストリー。

例 物理と化学。化学反応。化学繊維。

【科学】

実験や観察によって一般法則を見つ
けたり応用したりする学問。物事を
科学的に考えること。サイエンス。

例 自然科学。科学技術。科学する心。

「化学」は「科学」に含まれる。狭い意
味での「科学」は物理学や化学などの
自然科学を指すが、広い意味では人
文科学や社会科学を含めていうこと
もある。「化学」と「科学」を区別するた

めに、「化学」のことを「ばけがく」とい
うことがある。

かがみ

【鏡】

姿や顔を映して見るための道具。何
かを映し出すものの比喩。手本、模
範。

例 鏡を見て身だしなみを整える。鏡を
覗_{のぞ}く。鏡文字。あの人は研究者の
鏡だ。

【鑑▽】

手本、模範。

例 あの人は研究者の鑑だ。武士の鑑。
歴史を鑑とする。

一般的には「鏡」を使うが、「手本、模
範」という意味の場合には「鏡」も「鑑」
も使える。

かかる・かける

【掛かる・掛ける】

ほかに影響を及ぼす。ぶら下げる。
外れないように留める。上に置く、
加える。上から下に動く。作用する。

例 迷惑が掛かる。疑いが掛かる。壁に
絵が掛かっている。エンジンが掛か
る。王手が掛かる。体重が重くなる
と膝に負担が掛かる。声を掛ける。
電話を掛ける。シャツをフックに掛
ける。ボタンを掛ける。布団_{ふとん}を掛
ける。手間を掛ける。腰を掛ける。

罠に**掛**ける。ブレーキを**掛**ける。壁
掛け。お湯を**掛**ける。保険を**掛**ける。
看板を**掛**ける。

【懸かる・懸ける】

宙に浮く。託す。

例雲が**懸**かる。月が中天に**懸**かる。優
勝が**懸**かった試合。命を**懸**ける。**懸**
け橋。賞金を**懸**ける。

【架かる・架ける】

一方から他方へ差し渡す。

例橋が**架**かる。ケーブルが**架**かる。鉄
橋を**架**ける。電線を**架**ける。**架**け橋。

【係る】

関係する。

例本件に**係**る訴訟。名誉に**係**る重要な
問題。**係**り結び。

【賭ける】

賭け事をする。

例大金を**賭**ける。**賭**けに勝つ。危険な
賭け。

【罹る】

病気になる。

例重い病に**罹**る。インフルエンザに**罹**
る。

▽
一般的には「**掛**」を使うが、宙に浮い
たつり橋のようなものや「命を**懸**ける」
などのように何かに「託す」場合は
「**懸**」を使う。「**架**」は片方から他方へ
「渡す」ときに使うとよい。「かけ橋」は、

本来、谷をまたいで「宙に浮く」ように
かけ渡した、つり橋のようなもので、
「**懸**」を使うが、「一方から他方へ差し
渡す」という視点からとらえて、「**架**」
を使うことも多い。「**係**り結び」「形容詞
が名詞に**係**る」のように、文法的にあ
る言葉がほかの言葉に影響を及ぼす
場合は「**係**」を使う。「**繋**」は多くかな書
きで使われる。紐で縛られる。つな
いで留める」の意味で、「お縄に**繋**か
る」「紐を**繋**ける」など、「**繋**」が使われ
ることもある。

【関わる】

関係をもつ、関係する。悪い影響を
与える可能性がある。

例事件に**関**わる。経営に**関**わる。名誉
に**関**わる問題。

【係▽わる】

関係をもつ、関係する。悪い影響を
与える可能性がある。

例事件に**係**わる。経営に**係**わる。名誉
に**係**わる問題。

【拘▽わる】

かかずらう、面倒なことや厄介なこ
とに関係する。こだわる。

例面倒な事件に**拘**わる。小事に**拘**わる
な。

▽
一般的には「**関**わる」を使う。「**拘**わる」
は「**拘**る」とも書く。ただし、「…に

43

（も）かかわらず」の形では、かな書きか「…に（も）拘わらず」とすることが多い。これは、「拘」の字を使うのが本来の表記で、「関」では代用しにくいためである。また、「拘らず」と区別するためでもある。

かき

【夏季】

季節としての夏。

例 **夏季**休暇。**夏季**オリンピック。**夏季**水泳大会。**夏季**の食べ物。

【夏期】

夏の間、夏の期間。

例 **夏期**休暇。**夏期**講習。**夏期**研修。

季節としての夏であることに重点を置く場合には「**夏季**」を使い、何かをする期間が夏であった場合には「**夏期**」を使う。休暇は「**夏季**休暇」も「**夏期**休暇」も使われるが、法律や放送などでは「**夏季**」が使われている。「春季／春期」「秋季／秋期」「冬季／冬期」も「夏季／夏期」に準ずる。

かく

【書く】

文字や文章を記す。本にして出版する。

例 日記を**書く**。メールを**書く**。漢字を**書く**。ノートを**書き**写す。小説を**書く**。入門書を**書く**。楷書で氏名を**書**

く。手紙を**書く**。

【描く】

絵や図に表す。動いて形を作る。類 描写する

例 山を**描く**。漫画を**描く**。グラフを**描く**。ノートに地図を**描く**。眉を**描く**。鳥が輪を**描いて**飛んでいく。油絵を**描く**。設計図を**描く**。

【画▽く】

絵や図に表す。動いて形を作る。類 描写する

例 山を**画く**。漫画を**画く**。グラフを**画く**。ノートに地図を**画く**。眉を**画く**。鳥が輪を**画いて**飛んでいく。油絵を**画く**。設計図を**画く**。

おもに文字や文章を「かく」場合は「書」を、絵や図を「かく」場合は「描」「画」を使う。ただし、「描写」の意味で「日本の情緒を感性豊かに描く」など、文章について「描」を使うこともある。「描く」「画く」は、「えがく」とも読めるので、使う場合には読みがなをつけると親切。

かげ

【陰】

光の当たらない場所。目の届かないところ。暗さ。かばってくれる大きな力。類 裏 対 日向（ひなた）

例 木の**陰**で涼む。**陰**で支える。日**陰**に入る。草葉の**陰**。**陰**のある人物。お

陰をこうむる。寄らば大樹の陰。山の陰。陰の声。陰口を利く。

【影】

光が遮られてできる黒い形。水面などに映る形。ものの姿。光。悪いことの前兆。類シルエット

例障子に映る影。影絵。影法師。湖に山の影が映る。鏡の中の影。島影が見える。日影。面影。影が薄い。月影。不吉な影。影も形もない。影を潜める。

「陰」は「場所、ところ」を指し、「影」は「形」を指す。「日陰」は「日の当たらない場所」をいい、「日影」は「日の光、ひざし」のことをいう。

かける　　　　　　　→かかる・かける

かける

【駆ける】

人や動物が足で速く走る。馬に乗って速く走る。類疾駆

例駆けっこ。草原を駆ける。階段を駆け上る。急いで駆けつける。

【翔る】

高い空を速く飛ぶ。類飛翔

例天を翔る。ワシが大空を翔る。

比喩的に、ある時代や場所を活躍の場にしていることを表す場合に「昭和を駆け抜ける」「衝撃的なニュースが駆け巡る」のように「駆」が使われるこ

とがある。空を「かける」場合は「翔」を使うが「駆」が使われることもある。

かこく

【過酷】

厳しすぎること。

例過酷な要求。条件が過酷だ。過酷な労働環境。

【苛酷】

酷くて容赦がないこと。過酷なこと。

例苛酷な現実。自然の苛酷さ。苛酷な要求。

一般的には「過酷」を使うが、「むごさ」を強調する場合に「苛酷」を使うことができる。

かしょう

【過小】

小さすぎる。実際より小さく考える。対過大

例過小評価。過小に見積もる。

【過少】

少なすぎる。対過多

例所得を過少に申告する。過少生産。

【寡少】

少ない。対衆多

例寡少勢力。利用客が寡少だ。

45

「**過小**」は大きさについて小さすぎることを、「**過少**」は量や数について少なすぎることをいう。「**過少**」は、ある基準や必要性より少ないことを表すが、「**寡少**」は単に量や数がわずかであることを表す。

かす

【粕゛】

酒かす。
例粕漬け。粕汁。

【糟゛】

酒かす。
例糟漬け。糟汁。

【滓゛】

あとに残った使い道のないもの。役に立たないもの。類くず・残滓ざん
例消しゴムの滓。残り滓。滓しか残っていない。人間の滓。

「**粕**」「**糟**」の部首は米や穀物に関わることを表す「こめ・こめへん」。同じ部首をもつ漢字はほかに「粟ゎ」「粥ゅ」「糠゛」「粘」「糠゛」などがある。「**滓**」はかな書きされることが多い。

かす・かする

【科す・科する】

罰則を適用する。罰を与える。類処する・処罰する

例ペナルティを科す。罰金を科す。刑を科する。

【課す・課する】

割り当てる、言いつけてやらせる。税を掛ける。
例ノルマを課す。宿題を課す。義務を課す。租税を課する。

「**科す**」は法律やルールに基づいて罰則や罰を与えることをいい、「**課す**」は義務や負担を割り当てることをいう。この意味を使った熟語には、「**科**」は「科刑」「科料」「厳科」「罪科」、「**課**」は「課税」「課題」「学課」「考課」などがある。受け身形は「かされる」「かせられる」で、どちらもよく使われる。「かされる」は「かす」の未然形「かさ」にレルをつけた形、「かせられる」は「かする」の未然形「かせ」にラレルをつけた形。

かすか

【微▽か】

わずかに感じられる。類ほのか・わずか
例微かなぬくもり。微かに聞こえる音。微かな好転の兆し。

【幽▽か】

今にも消えてしまいそうに感じられる。類幽玄
例幽かに聞こえる音。幽かな光。幽かに見える山々。

一般的には「**微**」を使う。かすかさが
おぼろげな場合などに「**幽**」を使うこ
とができる。

かた

【形】

目に見える形状。フォーム。

例三日月**形**。ピラミッド**形**の建物。花
形。水泳の自由**形**。小**形**の模様。大
形の花火があがる。扇**形**の土地。跡
形もない。柔道の**形**を習う。

【型】

決まった形式や種類、様式。タイ
プ。

例A**型**の血液。冬**型**の気圧配置。うる
さ**型**。アポロン**型**の人間。**型**にはま
る。**型**破りな青年。鋳**型**。大**型**の台
風。小**型**犬。2014年**型**の自動車。

目に見える具体的な「**形**」がない場合
は「**型**」を使う。具体的なものの場合
は、「**形**」に重点がある場合は「**形**」、
グループ分けや分類、種類の1つであ
る場合は「**型**」を使う。

かたい・かたまる・かためる

【固い・固まる・固める】

結びつきが強い。揺るがない。対柔
らかい・ゆるい

例団結が**固**い。**固**い友情。**固**い決意。
固い握手。**固**く縛る。**固**く信じる。
頭が**固**い。塩が**固**まる。**固**まると強
い。雪を踏み**固**める。結束を**固**める。

【堅い】

中身が詰まっていて強い。確かであ
る。対もろい

例**堅**い材木。**堅**い守り。手**堅**い商売。
口が**堅**い。**堅**苦しい。合格は**堅**い。

【硬い】

外力に強い。こわばっている。対軟
らかい

例**硬**い石。**硬**い殻を破る。**硬**いガラ
ス。**硬**い表現。表情が**硬**い。選手が
緊張で**硬**くなっている。

「**固**」がいちばん広く使われる。「**堅**」と
「**硬**」の使い分けは、はっきりと定まっ
ていない部分が多いが、「手**堅**い」「**堅**
実」な性質であることや確実であるこ
とを表す場合は「**堅**」を使う傾向があ
り、人の表情や態度、気持ちなどに
ついては「**硬**」を使う傾向がある。ま
た、鉱物については「**硬**」を使い、そ
れ以外の物については「**固**」を使うこ
とが多い。状態の変化を表す「かたま
る」は「**固**」を使う。

かたき

【敵】

うらみを晴らしたいと思っている相
手。競争の相手。

例**敵**をとる。親の**敵**。**敵**討ち。商売

敵。恋敵。敵役。

【仇】

うらみを晴らしたいと思っている相手。

例 **仇**をとる。親の**仇**。**仇**討ち。

💡 一般的には「**敵**」を使う。うらむ気持ちを強く表したいときには「**仇**」を使うこともできる。

かたまる →かたい・かたまる・かためる
かためる →かたい・かたまる・かためる

かたる

【語る】

物語・思い出・考えなどを話して聞かせる。浄瑠璃や浪曲などを演じる。類 しゃべる

例 生い立ちを**語る**。事件の一部始終を**語る**。聞くも涙、**語る**も涙。**語り**あかす。

【騙る】

騙して金品を取る。騙すために身分や名前を偽る。類 詐欺

例 金を**騙**られる。**騙り**を働く。有名人の名を**騙る**。

💡 「**騙**」は、軽い冗談や嘘をつく程度では使わず、犯罪になるような場合に使う。

かつ

【勝つ】

相手を負かす。困難と闘ってそれを乗り越える。目立つ、上回る。類 勝利する

例 試合に**勝つ**。裁判で**勝つ**。誘惑に**勝**つ。己に**勝つ**。

【克つ】

困難と闘ってそれを乗り越える。類 克服する・克己

例 誘惑に**克つ**。己に**克つ**。恐怖心に**克**つ。試練に打ち**克つ**。

💡 一般的には「**勝**」を使う。力を尽くして困難を乗り越えた場合に「**克**」を使うことができる。

かてい

【過程】

物事の始まりから終わりまでの間の様子、道筋や段階。類 経緯・経過・プロセス

例 事件の**過程**。製造**過程**。結果よりも**過程**が大切だ。

【課程】

教育や学習の範囲や順序。類 カリキュラム

例 中学の**課程**。教科**課程**。博士**課程**。

💡 日本の公教育では、国が示す学習指導要領に基づいて自治体や学校ごと

に編成する教育計画を「教育課程」(カリキュラム)という。

かど

【角】

折れ曲がって尖ったところ。道の折れ曲がっているところ。

例 柱の角。角部屋。角が立つ。四つ角。大通りの角のレストラン。

【門】

家の門、出入り口。家。

例 門出。門松。門口。お門違い。笑う門には福来る。

> ことわざ「笑う"かど"には福来る」は、笑いの絶えない家には幸せが訪れるという意味で、「かど」は家を表す「門」を使う。

かなう・かなえる

【叶う・叶える】

願っていたことがその通りの状態になる。類実現する

例 夢が叶う。願いを叶える。願ったり叶ったり。

【適う・適える】

当てはまる、合う。類合致する・適する

例 理に適う。目的に適う。条件を適える。

【敵う】

対抗できる、肩を並べる。

例 敵う相手ではない。とうてい敵わない。

> 願っていたことなどを「かなえる」場合、一般的には「叶」を使うが、条件などに沿うようにするという意味で「条件に適うよう努力する」「希望に適えるようにする」と「適」を使うこともある。

かなしい・かなしむ

【悲しい・悲しむ】

心が痛んで、泣きたくなるような気持ちだ。残念だ。

例 彼女と別れて悲しい。父の死を悲しむ。

【哀しい・哀しむ】

心が痛んで、泣きたくなるような気持ちだ。残念だ。

例 哀しい運命。哀しい調べ。世を哀しむ。

> 一般的には「悲」を使う。「哀」という漢字には「痛ましく思う、不憫に思う」という意味があり、「哀」を使うと、より深い「かなしみ」を感じさせることができる。

49

かねつ

【加熱】

熱を加えること。対冷却
例**加熱**調理。**加熱**して殺菌する。

【過熱】

温度が高くなりすぎること。競争や
熱中などが激しくなりすぎること。
例ヒーターの**過熱**。相場が**過熱**する。
過熱した騒動。

💡「**加熱**」は物理的な現象についてのみ
使うのに対し、「**過熱**」は相場・騒
動・景気・議論などの抽象的な状況
が度を越していることにも使う。ま
た、「**過熱**」には「必要以上」というネ
ガティブな意味合いが含まれる。

かま

【釜】

炊飯などをするための器具。
例鍋と**釜**。**釜**飯。電気**釜**。風呂**釜**。**釜**
揚げうどん。

【窯】

焼き物などを作る装置。
例炭を焼く**窯**。**窯**元に話を聞く。登り
窯。

💡「かまど」の場合は「竈」を使う。汽
車・汽船・風呂などの「ボイラー」の
場合は「缶」「罐」が使われる。

かむ

【嚙゛む】

上下の歯の間に物を挟む。歯に似た
ものが物を挟む。虫が刺す。言葉を
言い間違えたり発音しそこなったり
する。
例ガムを**嚙**む。唇を**嚙**む。ファスナー
が布を**嚙**む。蚊に**嚙**まれる。台詞
を**嚙**む。

【咬゛む】

牙を立てる。
例犬に**咬**まれる。上司に**咬**みつく。

【擤゛む】

鼻汁を出して拭きとる。
例はなを**擤**む。

💡どれも、かなで書くのが一般的。漢
字で書く場合は「嚙」が広く使われる
が、「咬」を使うと牙でかんで傷つけ
るというイメージが強調される。「ガム
をかむ」など「上下の歯の間に物を挟
む」意味で、「嚙」の代わりに「噛」が使
われることもある。

からす・かれる

【枯らす・枯れる】

草木が死ぬ、草木の水気がなくなっ
たり色が変わったりする。年をとっ
てみずみずしさがなくなる。芸など
に華やかなところがなくなって、深
い味わいをもつようになる。類しお

れる

例 花を枯らす。枯れ葉。痩せても枯れても。枯れた演技を見せる。

【涸らす・涸れる】

川や池などの水がなくなる。資源や資金がなくなる。才能や感情、考える力が少なくなる。類 枯渇する

例 涙を涸らす。井戸が涸れる。財源が涸れる。アイディアが涸れる。

【嗄らす・嗄れる】

喉の使い過ぎや病気のせいで声がかすれて出なくなる。類 かすれる

例 声を嗄らして叫ぶ。喉が嗄れる。

草木が死ぬ場合は「枯」、水源や資源、もっていた能力などが枯渇してしまう場合は「涸」、声がかすれる場合は「嗄」を使う。もと「水がなくなる」意から派生し、意味ごとに別の漢字で書き分けられるようになった。ただし「嗄」はかなで書くことが多い。

かりょう

【科料】

刑法上の軽い罪を犯した者に、罰として出させるお金。

例 科料または拘留。

【過料】

行政上の義務や規則に背いた者に出させるお金。

例 過料が科せられる。

「科料」は刑事罰で、「過料」は行政処分であるという違いがある。したがって、「科料」の場合は前科がつくが、「過料」の場合は前科がつかない。2つを区別するために「科料」を「とがりょう」、「過料」を「あやまちりょう」ということがある。「科料」と似た言葉に「罰金」があるが、法律上、科料は「1,000円以上1万円未満」、罰金は「1万円以上」となっている。

かれい

【華麗】

華やかで美しい様子。

例 華麗な舞踏会。華麗な演技。

【佳麗】

整っていて美しいこと（様子）。美しい女性。

例 佳麗さを競う。後宮の佳麗。

「華麗」は華やかだが、「佳麗」は華やかさだけに限らず、良い・素晴らしいと感じられる美しさがある場合に使える。

かれる　　　　　　→からす・かれる
かわ

【川】

雨や山から流れ出した水が集まり、地上のくぼみを流れ下る水の道。

例 河童の川流れ。川の字になって寝

る。川上と川下。天の川。

【河】

雨や山から流れ出した水が集まり、地上のくぼみを流れ下る水の道。「かわ」のうち、特に大きなもの、大河。

例 滔々と流れる大きな河。ヘッドライトの河。悠久の時間の河。

▽ 「川」も「河」も意味は同じだが、特に大きな「かわ」を「河」と表すことができる。

【皮】

動植物の表皮。外側の部分、表面。本質を隠すもの。

例 手の皮が剝ける。杉皮。渋皮。毛皮。ギョーザの皮。面の皮が厚い。化けの皮を剝がす。虎の皮。木の皮。

【革】

加工した獣の皮。

例 革の手袋。革張りのソファ。革のバンド。革製品を買う。革靴。革細工。なめし革。革ジャンパー。

▽ 柔らかくなめした「かわ」には「革」を使い、それ以外は「皮」を使う。

【乾く】

水分や湿気、潤いがなくなる。感情が乏しい。類 乾燥する・ドライ 対 湿る

例 干し物が乾く。目が乾く。空気が乾く。髪を乾かす。乾いた土。乾いた声。舌の根の乾かぬうちに。

【渇く】

喉に水分や湿気、潤いがなくなる。強く求める。類 飢える・渇望する 対 潤う

例 喉が渇く。心の渇きを癒やす。知識に渇く。渇きを覚える。親の愛情に渇く。

▽ 「乾」が水分や感情がなくなった状態を表すのに対し、「渇」は、そういう「かわき」を解消することを求めているニュアンスを出すことができる。

【勘】

直観的に理解する心の働き。類 インスピレーション・第六感・直観・ひらめき

例 勘がいい。勘が鋭い。勘が働く。

【感】

物事に接したときに生まれる思いや気持ち。類 感じ

例隔世の**感**がある。違和**感**。親近**感**。
　感極まる。

【観】

そのように見えること。物事に対す
る見方や考え方。

例別人の**観**がある。人生**観**。恋愛**観**。

 近年、「**感**」は、「透け**感**」「ふわふわ
感」「がんばっている**感**」など、いろ
いろな語句について「…している／する
感じ」という使われ方をするように
なった。

【監査】

団体や会社の会計を監督検査するこ
と。

例会計**監査**。定期**監査**。**監査**役。

【鑑査】

芸術作品などの優劣を審査するこ
と。

例出品作品を**鑑査**する。無**鑑査**。

芸術展の出品などについて使われる
「無**鑑査**」は、作者の過去の実績にも
とづき、審査員の鑑査なしに出品で
きると認められることをいう。

【観賞】

美しいものや珍しいものを見て楽し

むこと。

例景色を**観賞**する。名月を**観賞**する。
　観賞用の植物。

【鑑賞】

芸術品などを味わうこと。

例オペラを**鑑賞**する。映画の**鑑賞**。美
術**鑑賞**。

【勧奨】

こうしたほうがよいと勧めること。

例退職を**勧奨**する。貯蓄を**勧奨**する。

【観照】

ものの本質をとらえること。

例静かに自分の心を**観照**する。自然を
　観照する。

「観」は「見る」、「鑑」は「（価値などを）
識別する、判断する」の意。そのた
め、「**観賞**」には「目で見る」というニュ
アンスが、「**鑑賞**」には視覚に限らず
芸術作品を味わい価値を理解すると
いうニュアンスがある。

【関心】

そのことについて知りたい、関わり
たいと思う気持ち。類興味

例成り行きに**関心**をもつ。人々の**関心**
が高まる。無**関心**。

【感心】

素晴らしい、たいしたものだと思う

53

こと。類感服・敬服

例できばえに感心する。いたく感心する。感心な態度。あまり感心しない。

【寒心】

心配のあまり、ぞっとすること。

例寒心に堪えない非行問題。

【歓心】

相手の好意や厚意を喜ぶ気持ち。類喜び

例上役の歓心を買う。歓心を求める。おだてて歓心を得る。

「感心」は、目上には使わない。「感服」「敬服」は目上にも使う。「寒心」は、「寒心に堪えない」の形で「憂い、嘆く」という意味で使われる。

【歓声】

喜びの声。類歓呼

例記録達成に歓声をあげる。歓声がわく。

【喚声】

興奮したり驚いたりしてあげる叫び声。

例喚声をあげて逃げる。群衆が喚声をあげる。

【喊〵声】

ときの声。わめく声。

例喊声をあげて攻め込む。大地を轟とどろかす喊声。

「喊声」は突撃のときなどに出す声のことをいう。いびきの音の場合には「鼾声」を使う。

【感知】

敏感に感じてわかること。類察知

例計画を相手に感知された。危険を感知する。熱感知器。

【関知】

関係して知ること、預かり知ること。

例当社の関知しないことだ。その件については一切関知しない。

「関知」は、おもに「関知しない」という否定の形で関わりのないことを強調する際に使われる。

き

【木】

かたい幹をもち、地上にしっかり生えている植物。材木や薪。

例木を植える。梅の木。並木。木を削る。木のテーブル。木をくべる。

【樹〵】

かたい幹をもち、地上にしっかり生えている植物。

例ケヤキの**樹**がそびえている。**樹**が茂る。**樹**の陰。**樹**々の梢。生命の**樹**。

🔍 一般的には「**木**」を使う。「**樹**」は、「材木や薪」という意味では使わない。地面から生えている状態のもので、大きなものに「**樹**」を使うことがある。

きうん

【機運】

物事がうまくいきそうなよい巡りあわせ。類機会・頃合い・時運・時機・チャンス

例**機運**が熟する。**機運**に乗ずる。**機運**を高める。**機運**を盛り上げる。

【気運】

ある方向に向かっていきそうな世の中の勢い。類時勢・時流・風潮・世論

例民主化の**気運**が高まる。**気運**を醸成する。**気運**が下がる。

🔍 何かを実現するよいタイミングというニュアンスがあるときは「**機運**」を使う。微妙な違いであるため、新聞などではいずれも統一して「**機運**」と書かれることが多い。

きかい

【機械】

複雑な仕掛け、しくみ。

例工作**機械**。精密**機械**。**機械**化。

【器械】

簡単な仕掛け、道具。類器機・器具

例測定**器械**。医療**器械**。**器械**体操。

🔍 「**機械**」は電気やエンジンなどの動力を利用して高度な仕事をするものをいい、「**器械**」は、規模が小さく、手動など動力を必要としない簡単なものをいう。

きく

【聞く】

音や声を耳で感じる。受け入れる。問う、尋ねる。嗅ぐ。

例音楽を**聞**く。噂を**聞**く。親の言うことを**聞**く。願いを**聞**く。駅までの道を**聞**く。転居した事情を**聞**く。香を**聞**く。話し声を**聞**く。物音を**聞**いた。**聞**き流しにする。小川のせせらぎを**聞**く。**聞**き耳を立てる。人**聞**きが悪い。

【聴く】

身を入れて、耳を傾けて聞く。

例音楽を**聴**く。講演を**聴**く。国民の声を**聴**く。恩師の最終講義を**聴**く。

🔍 一般的には「**聞**」を使う。「**聴**」を使うと、熱心に耳を傾けていることや集中してきいていることを表すことができる。また「問いただす」場合には「**訊**」を使うこともできる。

【利く】

じゅうぶんに働く、機能する。思い通りになる。可能である。
例 ブレーキが**利**く。機転が**利**く。気が**利**く。**利**き手。目が**利**く。小回りが**利**く。無理が**利**く。左手が**利**く。

【効く】

効果・効能が表れる。
例 薬が**効**く。宣伝が**効**く。冷房が**効**く。**効**き目がある。

「出汁がきく」「ブレーキがきく」などの場合、出汁が「じゅうぶんに働いた、機能した」ことに注目するときは「出汁が**利**く」を使い、出汁の「効果が表れた」ことに注目するときは「出汁が**効**く」を使う。

【奇才】

世にも稀な才能をもっている人、また、その才能。
例 不世出の**奇才**。天下の**奇才**。

【鬼才】

人間離れした優れた才能をもっている人、また、その才能。
例 文壇の**鬼才**。映画界に現れた**鬼才**。

【機才】

その場でひらめく鋭い頭の働き、素早い才気。
例 **機才**が利く。**機才**にたける。

「**奇才**」には、驚くようなユニークな才能というニュアンスがあり、「**鬼才**」には人間離れした信じられない才能というニュアンスがある。「**奇**」はここでは「通常とは異なり優れたさま」の意。「**機**」には「頭の回転がはやい」という意味があり、同じ意味の「**機**」を使った熟語としては「機知」「機転」「機敏」などがある。

【兆し・兆す】

物事が起こったり始まったりする気配が感じられる。心が動き始める。
類 前兆・兆候・予兆
例 景気回復の**兆**し。大雨の**兆**し。悪心が**兆**す。

【萌し・萌す】

草木が芽を出す。物事が起こったり始まったりする気配が感じられる。心が動き始める。類 萌芽・芽生える
例 恋の**萌**し。新芽が**萌**す。後悔の念が**萌**す。

一般的には「**兆**」を使う。草木が芽を出すことを表現する場合やある心情を感じ始める場合に「**萌**」を使うこともある。

【基準】

何かを比べるとき、その基になる数
量やもの、人など。守ることを法律
で決めた、必要な水準・状態。
例昨年度の実績を**基準**に考える。血圧
が**基準**値を超える。評価の**基準**。建
築**基準**法。

【規準】

守るべき規則。類規範・手本
例社会生活の**規準**。行動**規準**。

「**基**」は土台、「**規**」はコンパスの意味
がある。「**基準**」と「**規準**」を区別するた
めに、「**基準**」を「もとじゅん」、「**規準**」
を「のりじゅん」ということがある。

【傷】

体や物の表面を切ったり突いたりし
てついた痕跡。心に受けた痛手。欠
点。失敗、不名誉。
例**傷**が痛む。かすり**傷**。柱に**傷**をつけ
る。心に残った**傷**。**傷**のある文章。
経歴に**傷**がつく。古**傷**を暴く。

【創ˇ】

刀や銃弾などによってついた痕。
例鉄砲**創**。刀**創**が残った柱。

【瑕ˇ】

欠点。

例玉に瑕。瑕の多い作品。

一般的には「**傷**」を使う。このほか、
「手術の疵」「脛に疵をもつ」のように
「**疵**」が使われることもあるが、やや
古風。

【規制】

混乱しないよう制限し、統制するこ
と。また、その決まり。
例営業を**規制**する。自主**規制**。交通**規
制**。

【規正】

規則によって正しいほうに直すこと。
例政治資金を**規正**する。不均衡を**規正**
する。

「**規制**」は、混乱を想定して何かを制
限することに重点があり、「**規正**」は、
正しい状態に戻すことに重点がある。
「政治資金キセイ法」という法律名の
キセイは「**規正**」。政治資金の報告義
務や授受の制限について規則を定め
ることで、公正な政治活動を維持す
ることを目的としている。この法律以
外の法令ではほとんど「**規制**」が使わ
れている。

【既成】

すでに存在すること、できあがって

いること。[対]未成
[例]**既成**の事実。**既成**の概念。

【既製】

前もって作ってあること。[類]できあい・レディーメード [対]注文
[例]**既製**の洋服。**既製品**。

💡 「**既成**」は目に見えない概念や存在に対して使い、「**既製**」は目に見える商品などについて使う。

【奇跡】

普通にはありえないような不思議で素晴らしいこと。[類]ミラクル
[例]**奇跡**の大逆転。**奇跡**的な生還。出会ったのは**奇跡**だ。

【奇蹟`】

神が何かを示そうとして起こした不思議な出来事。
[例]クリスマスの**奇蹟**。神の**奇蹟**。

【軌跡】

車輪の通った跡。点や線がある条件を満たして動いた跡を示す図形。移り変わってきた跡。
[例]**軌跡**を残す。点Pの**軌跡**を図に描く。20年の**軌跡**。

💡 「**奇蹟**」は、おもにキリスト教で、神が人々に教えを伝えるために起こすものに限定して使われる。

【起点】

物事が始まったり生じたりする点。
[類]始点・出発点 [対]終点
[例]東海道の**起点**。広場を**起点**とするマラソンコース。攻撃の**起点**。

【基点】

距離などを測ったりするときの基になるところ。行動や考えの基になるところ。[類]原点・定点
[例]駅を**基点**として半径10キロの範囲。過去の実績を**基点**に考える。

💡 「始まり」を表す場合には「**起点**」を使い、「基・中心になる部分」を表す場合には「**基点**」を使う。

【究明】

よく調べて明らかにすること。
[例]原因を**究明**する。真相**究明**。

【糾明】

厳しく追及して事実や事情を明らかにすること。
[例]犯人を**糾明**する。責任を**糾明**する。罪状**糾明**。

💡 「**糾明**」は、おもに事件や犯罪に関して使われる。

【清い・清める・清らか】

汚れや穢れがない、濁りやくもりがない。気持ちがすっきりしている。やましさがない。

例清い心。清き1票。身を清める。清らかな水。

【浄˅い・浄˅める・浄˅らか】

汚れていない、浄化された。汚れを落とす。

例浄い心。罪を浄める。掃き浄める。浄らかな水。

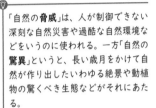

一般的には「清」を使う。「浄」は汚れていたものがきれいになることを表すことができる。「潔い関係」「潔い人柄」「潔き1票」など、「清潔さや潔癖さ、不純でない」の意味で「潔」を使うことがある。「聖しこの夜」「聖らかな祈り」など宗教的な意味に限定して「聖」が使われることがある。

【脅威】

威力や勢力に対して感じるおそろしさ。

例周囲に脅威を与える。核の脅威にさらされる。わが社にとって脅威となるライバル。自然の脅威。

【驚異】

驚くほどの素晴らしさ。

例驚異に目をみはる。驚異的なスピード。自然の驚異。

「自然の脅威」は、人が制御できない深刻な自然災害や過酷な自然環境などをいうのに使われる。一方「自然の驚異」というと、長い歳月をかけて自然が作り出したいわゆる絶景や動植物の驚くべき生態などがそれにあたる。

【強行】

無理やり行うこと。

例ストライキを強行する。強行採決。強行突破。強行軍。強行策。

【強攻】

無理やリスクを承知で攻めること。

例強攻策に出る。犠牲も覚悟で作戦を強攻する。

【強硬】

強い意志をもって相手に従わない様子。対柔軟・軟弱

例強硬な態度。強硬策に出る。強硬に主張する。

「強行」「強攻」は「強行する」「強攻する」と動詞として使うことができるが、「強硬」は「強硬な」という形容動詞と

して使い、「強硬する」とは使わない。

「官民**協働**」のように、異なる所属の人が同じ目的のために集まって働く場合は「**協働**」を使う。

きょうそう

【競争】

互いに勝とうとして競うこと。類競り合う・競ぜる

例販売**競争**。生存**競争**。**競争**心をあおる。**競争**相手。

【競走】

走る速さを競うこと。類かけっこ・レース

例駅伝**競走**。100メートル**競走**。自動車**競走**。**競走**馬。

「…の速さを競う」ものにはほかにも、競泳(泳ぎの速さ)・競漕(ボートの速さ)・競歩(歩く速さ)がある。「スターの競演」というと演技や演奏などの優劣を競い合うという意味になる。

きょうどう

【共同】

2人以上の人が一緒に関わること。対単独

例**共同**で行う。**共同**経営。**共同**研究。

【協同】

同じ目的のために多くの人が集まって協力し合うこと。類コラボレーション

例**協同**して行う。**協同**組合。

きょうはく

【脅迫】

無理やり何かをさせようとして相手を強く脅すこと。

例**脅迫**電話。**脅迫**状。ピストルで**脅迫**する。

【強迫】

無理にそうさせようと迫ること。打ち消しても浮かんでくる嫌な考え。

例寄付を**強迫**する。**強迫**による意思表示。**強迫**観念に苦しむ。

一般的には「**脅迫**」を使う。法律では、「**脅迫**」は刑法用語で相手に害を加えると告知することを意味する。「**強迫**」は民法用語で、害を加えると告知することによって相手の自由な意思決定を妨げる行為を意味する。

きょくげん

【極限】

それ以上は進めない限界。類究極・限界・限度・リミット

例**極限**に達する。**極限**を超える。**極限**状態。

60

【局限】

範囲を限ること。願限定

例対象を**局限**する。問題を**局限**して考える。被害を**局限**化する。**局限**的な知識。

▽「**局限**」は名詞のほか、動詞として「**局限**する」のように使われるが、「**極限**」は名詞としてのみ使われるため「**極限**する」という言い方はしない。

【局地】

限られた土地、一部の土地。

例**局地**交渉。**局地**的な大雨。**局地**戦。

【極地】

最果ての土地。南極と北極の地。

例**極地**を探検する。**極地**法。

【極致】

到達できる最上の状態。願究極・きわみ

例快楽の**極致**。美の**極致**。**極致**に達する。

▽「**局**」には「せまく縮まったさま」「距離がわずかなさま」という意味がある。「**極地**法」は、登山の方法のひとつ。北極や南極の探検で使われた隊の運営方法を登山法に取り入れたものである。

【切る】

刃物で断ち分ける。つながりを断つ。

例はさみで**切る**。紙を**切る**。枝を**切る**。指を**切る**。封を**切る**。電話を**切る**。スイッチを**切る**。手を**切る**。野菜を**切る**。**切り**傷。期限を**切る**。電源を**切る**。縁を**切る**。武士が敵を**切り**捨てる。

【斬る】

刀で傷つける、殺す。鋭く批判する。

例敵を**斬り**捨てる。武士たちが**斬り**合うシーン。世相を**斬る**。

【伐る】

樹木をきり倒す。願伐採する

例きこりが木を**伐る**。材木を**伐り**出す。梅は**伐れ**、桜は**伐る**な。枝を**伐り**根を枯らす。

【剪る】

形を整えるために刃物で余計な部分をきり落とす。願剪定する

例庭木の枝を**剪る**。前髪を**剪り**そろえる。爪を**剪る**。

【截る】

刃物で断ち分ける。願裁断する

例はさみで**截る**。紙を**截る**。服をつくるために布を**截る**。

一般的には「**切**」で、「何かをきるような動作をする」（水を切る、ハンドルを切る）、「新しく始める」（スタートを切る）、「ある量より少ない」（千円を切る）など、多様に使われる。刀でばっさりきる場合は「**斬**」を、樹木をきる場合は「**伐**」を、刃で整える場合は「**剪**」を使う。布や紙などを切る場合に、「**截**」が使われる。「武士が敵をきり捨てる」の「きり捨てる」は、「刀で傷つける」という意味で「**斬**」を使うが、「刃物で断ち分ける」という意味で広く一般に使われる「**切**」を使うこともできる。

きわまる・きわめる

【窮まる・窮める】

行き詰まってそれ以上、変化できない。突き詰める。
例進退**窮**まる。道が**窮**まる。**窮**まりなき宇宙。真理を**窮**める。学問の道を**窮**める。

【極まる・極める】

限界・頂点・最上に至る。
例不都合**極**まる言動。失礼**極**まりない。多忙を**極**める。栄華を**極**める。山頂を**極**める。**極**めて優秀な成績。見**極**める。

【究める】

奥深いところに達する。
例真理を**究**める。学問の道を**究**める。

「突き詰める」という意味で使う「**窮**」と「奥深いところに達する」という意味で使う「**究**」は、「突き詰めた結果、達した状態・状況」と「奥深いところ」とがほぼ同じ意味になるので、この意味で使う「きわめる」は、「**窮**」と「**究**」のどちらも使うことができる。

く

くじゅう

【苦汁】

苦い汁。つらい経験や嫌な思い。
例**苦汁**をなめる。**苦汁**を飲まされる。

【苦渋】

表情に表れている心の苦しみ。
例**苦渋**を味わう。**苦渋**に満ちた顔。**苦渋**の決断。**苦渋**の選択。**苦渋**の色が濃い。

「**苦汁**」は「なめる」「飲まされる」、「**苦渋**」は「味わう」と組み合わせて使う。「**苦汁**」は物事が思うように行かず苦しんだり悩んだりすることをいう。

くだす・くだる

【下す・下る】

下のほうへ行く。川の下流のほうへ行く。中央から地方へ行く。公職を離れて民間人になる。命令や判断などが伝えられる。戦いに敗れて降参

する。時代が現代に近くなる。その数を下回る。

例 強敵を**下**す。飲み**下**す。判決を**下**す。診断を**下**す。軍門に**下**る。坂を**下**る。階段を**下**る。川を**下**る。**下**り電車。野に**下**る。時代が**下**るにつれ変化する言葉。残金は100万円を**下**らない。

【降゜す・降゜る】

下のほうへ行く。戦いに敗れて降参する。時代が現代に近くなる。類降下・降参・降伏

例 飲み**降**す。官位を**降**す。強敵を**降**す。山を**降**って下界の生活をする。軍門に**降**る。時代が**降**る。

💡 一般的には「**下**」を使う。別世界から「おりる」場合や、戦いに敗れたことを表す場合、時代が現代に近くなることを表す場合は、「**降**」を使うことができる。

【屈伸】

曲げたり伸ばしたりすること。類伸縮・伸び縮み

例 膝の**屈伸**運動。腰を**屈伸**させる。

【屈身】

スポーツで、上半身を前に傾けること。対伸身

例 **屈身**宙返り。**屈身**跳び。

💡 「**屈**」は足や腰を曲げるという意味がある。「**屈伸**」は「屈折させたり伸ばしたりする」ことで、「**屈身**」は「身体を屈折させること」というように、元々の漢字の意味を当てはめて考えてみると、使い分けがはっきりする。

【汲゙む】

入れ物で液体をすくいとる。推しはかる、察する。系統や血統を受け継ぐ。

例 水を**汲**む。**汲**めども尽きぬ泉。事情を**汲**む。ロマン派の流れを**汲**む作家。

【酌む】

酒や茶を器に注いで飲む。推しはかる、察する。

例 酒を**酌**み交わす。お茶を**酌**む。相手の気持ちを**酌**む。

💡 一般的には「**汲**」を使う。「**酌**」は酒、事情や気持ちに使う。

【倉】

物を入れておくところ。「倉庫」の古い言い方。

例 川岸に並ぶ**倉**。石**倉**。**倉**が建つ。胸**倉**。

【蔵】

物をしまっておく昔風の建物。

例旧家の蔵。米蔵。蔵元。蔵が建つ。お蔵入り。

🔽「蔵」は土蔵など、古風なものに使うことが多い。「蔵」には「大切なものや財産を保管している」というニュアンスがあるため、「蔵が建つ」は「お金持ちになる」ことの比喩表現として使われる。できあがった製品などを置いておく建物に「庫」を使うことがある。

くらべる

【比べる】

2つ以上の物事について、違い・特徴などを考える。類比較する

例AとBを比べる。背比べ。読み比べる。比べものにならない。

【較▽べる】

2つ以上の物事について、違い・特徴などを考える。

例痕跡を較べる。考え較べる。見較べる。

【競▽べる】

優劣や勝敗を争う、張り合う。類競争する

例腕競べ。技を競べる。食べ競べる。

🔽一般的には「比」を使う。「較」を使うとより綿密・厳密に比較するニュアンスが表現でき、「競」を使うと「優劣・勝敗を競う」ことがはっきり表現できる。

くわしい

【詳しい】

説明が細かいところまで行き届いている。細かいところまでよく知っている。類詳細

例詳しい地図。詳しく解説する。伝統文化に詳しい。

【委▽しい】

説明が細かいところまで行き届いている。細かいところまでよく知っている。類委細

例委しいことを話す。事情に委しい。

【精▽しい】

説明が細かいところまで行き届いている。細かいところまでよく知っている。類精緻・精密

例精しい検査。地理に精しい。

🔽一般的には「詳」を使う。「委」は込み入ったことや複雑なことについて「くわしい」ことを、「精」は綿密さや注意深さの結果として「くわしい」ことを表すことができる。

ぐんしゅう

【群衆】

群がり集まったたくさんの人々。

64

例 数千の**群衆**。見物の**群衆**。**群衆**がひしめく。

【群集】

たくさんの人や動植物などが群がり集まること。また、その集まりや群れ。

例 **群集**する見物客。サンゴの**群集**。住宅が**群集**する。**群集**心理。

💡 「衆」は「多くの人々」を表すので「**群衆**」は人に限られる。「**群集**」は「**群集**する」と動詞として使うことができるが、「**群衆**」は「群衆する」とは使えない。

【群生】

同じ種類の植物がたくさん生えること、同じ種類の動物が群れをつくること。

例 高山植物が**群生**している。この地域だけに**群生**している動物。

【群棲】

同じ種類の動物が群れをつくること。
例 オットセイの**群棲**。**群棲**動物。

💡 「**群生**」は動物植物両方に対して使うが、「**群棲**」は動物に対して使う。

け

けしき

【景色】

自然の風物や街並みの眺め。境地。
類 景観・風景
例 **景色**がいい。山頂から見た**景色**。壮大な**景色**。雪**景色**。新しい**景色**が見たい。

【気色】

顔つきや態度に表れる感情。何かが起きそうな気配。類 機嫌・兆し・気配
例 思いつめた**気色**。**気色**をうかがう。恐れる**気色**もなく。不穏な**気色**。いっこうに来る**気色**がない。

💡 「**気色**」は「きしょく」とも読めるが、その場合「顔などに表れる(おもに)快・不快の感情」を指す。したがって、「**気色**ばむ」は「きしょくばむ」「けしきばむ」どちらで読んでもよい。

けっさい

【決済】

物品・代金の受け渡しをして取引を終えること。類 支払い・清算
例 現金で**決済**する。手形**決済**。クレジットカード**決済**。

【決裁】

責任をもつ立場の人が決定するこ

65

と。類裁定

例部長が**決裁**する。未**決裁**。**決裁**をあおぐ。

「**決済**」は取引を済ませることに重点があり、「**決裁**」は判断すること・決めることに重点がある、というように元々の漢字の意味を当てはめて考えてみると使い分けがはっきりする。

げんけい

【原形】

変化する前の元の形。

例**原形**をとどめない。**原形**を保つ。**原形**に戻す。動詞の**原形**。

【原型】

つくられた物の元になる型。類アーキタイプ

例胸像の**原型**。**原型**を作る。**原型**を見いだす。

「**原形**」を使う場合、元の形である「**原形**」と対象の物は形が違っている。一方、「**原型**」を使う場合、鋳物のような同じものをいくつも作る時は元の型である「**原型**」とそこから作られた物の形は変わらない。

げんわく

【幻惑】

あやしげな力などで人を惑わすこと。

例トリックに**幻惑**される。雰囲気に**幻**惑される。

【眩惑】

人の目をくらませて惑わすこと。

例大金に**眩惑**される。自動車のヘッドライトに**眩惑**させられた。

「**幻惑**」は魔術やトリックなどで実態があるかのように惑わすことをいう。一方、「**眩惑**」は強い光が目に入って一時的に目が見えなくなることや、うわべの美しさなどにだまされて正常な判断ができなくなることをいう。

こ

ごい

【語彙】

言葉の集まり。理解したり使ったりする言葉の数。単語。類ボキャブラリー

例基本**語彙**。**語彙**を豊かにする。**語彙**が乏しい。1万語の**語彙**。

【語意】

言葉の意味。類語義

例**語意**を理解する。**語意**を調べる。反対の**語意**。

「**語彙**」の「**彙**」には「あつまり」の意味がある。「太宰治(の)**語彙**」というと、太宰治の作品で使われる単語の集まりを指す。

こう

【請う】

そうするように相手に求める、頼む。
類請求する

例教えを請う。助力を請う。案内を請
う。認可を請う。紹介を請う。

【乞う】

そうするように強く願い求める、お
願いする。

例教えを乞う。許しを乞う。暇(いとま)を乞
う。乞うご期待。雨乞いの儀式。命
乞いをする。慈悲を乞う。案内を乞
う。紹介を乞う。

「案内をこう」「紹介をこう」などの「こ
う」は、「そうするように相手に求め
る」という意味で「請」を使うが、相手
に対して「そうするようにお願いする」
という意味合いを強く出したい場合
は「乞」を使うこともできる。「乞」はへ
りくだって強くお願いする場合や、
「命乞い」「雨乞い」のような形で使う。

こうい

【好意】

親しみを感じて相手を思いやる気持
ち。友好心。類恋心・好感 対敵意

例好意に甘える。好意を無にする。好
意的。好意をもつ。

【厚意】

相手からの親切、思いやりの気持ち。

類厚情

例厚意に甘える。厚意を無にする。ご
厚意に感謝します。

「好意」は親しみの気持ちがあるのに
対し、「厚意」は親しみの気持ちがあ
るかどうかは関係がない。また、「厚
意」は他人に対して使い自分には使わ
ない。

こうき

【好機】

ちょうどいい機会。類チャンス

例好機を逸する。好機到来。好機をと
らえる。

【好期】

ちょうどいい時期。

例登山の好期になる。いちばんの好期。
物事には好期というものがある。

「好機」はチャンスを指しその時1回限
り、「好期」は期間を指し時間にある
程度の長さがあると考えると使い分
けしやすい。

こうげん

【公言】

公然と言うこと。類明言

例公言してはばからない。天下に公言
する。公言した手前。公言は差し控
える。

【巧言】

うまい口先。園お世辞・甘言

例**巧言**を用いる。**巧言**に惑う。**巧言**に
のる。**巧言**令色。

【広言】

相手かまわず大きなことを言うこと。
園大口^{おお}・豪語する

例**広言**を吐く。無遠慮に**広言**する。偉
そうなことを**広言**する。

▼
「**巧言**」「**広言**」は使うとやや古めかし
い表現である。「**巧言**」は「**巧言**する」と
いう動詞の形では使わない。

こうせい

【公正】

公平で偏りがないこと。

例**公正**な判断。**公正**を期する。**公正**な
取り引き。

【更正】

正しいものに改めること。園修正・
訂正

例予算を**更正**する。委員定数の**更正**。
更正処分。**更正**申告。

【更生】

よくなかった状態から再起・再建す
ること。不用品に手を加えたりして
再利用すること。園再生

例自力で**更生**する。会社**更生**法。**更生**
品。**更生**施設。

【厚生】

生活を健康で豊かにすること。

例福利と**厚生**。**厚生**施設。**厚生**労働
省。

▼
「**更正**」は税の申告や登記などの誤り
や不備などをあらためる時に使われ
る。「**更生**」は生き返る・よみがえると
いう意味があり、かつて「甦生」とも
書いた。

こうせい

【後世】

のちの世。子孫。園後代・後年

例**後世**に伝える。**後世**の人。**後世**に名
を残す。

【後生】

自分の後から生まれる人。のちの世
に生まれる人。園後進・後輩

例**後生**畏るべし。

▼
「**後生**」は「ごしょう」と読むと、「**後生**
ですから助けてください」のように、
人に哀願するときの言葉、あるいは
仏語で死後に生まれ変わることや死
後の来世やあの世を示す言葉になる。

こうてい

【工程】

物の製造や工事などを進めていくと
きの手順・段階。

例 作業**工程**。**工程**表。**工程**を経る。

【行程】

旅行の日程やコース。道のり。類 旅程

例 東北の名所を巡る**行程**。3泊4日の**行程**。本日の**行程**は10キロだ。

「**行程**」は比喩的に「ある目標に達するまでの過程・道のり」という意味で使われることがあり、長期的な計画などのロードマップを「行程表」ということがある。

こうどく

【講読】

書物や文章を読んで、その内容を講義したり論じたりすること。

例 枕草子の**講読**。**講読**会。

【購読】

新聞や雑誌を定期的に買って読むこと。

例 雑誌を**購読**する。**購読**料。定期**購読**。

「**購読**」は、本来はお金を支払って読むこと意味するが、最近では無料の冊子やメールマガジンに対しても使われている。

こうひょう

【好評】

いい評判。類 賛評 対 悪評・酷評・不評

例 **好評**を博する。大**好評**。**好評**発売中。

【講評】

作品や演技、論文などのできばえについて、説明を加えながら批評すること。また、その批評。類 コメント・論評

例 作品を**講評**する。**講評**を受けて作品を見直す。

【高評】

ほかの人の「批評」の尊敬語。

例 ご**高評**を仰ぐ。

「**高評**」は批評をする相手への敬意を表す時に使う。また、世の中での評価の高さをいうこともある。公平な批評や世間一般での批評には、「**公評**」が使われる。

こうふ

【公布】

新しい法律や命令、条約などを官報によって国民に知らせること。類 告示・発布

例 新憲法が**公布**される。本則は**公布**の日より施行する。

【交付】

国や官庁が一般の人にお金や物品、書類を渡すこと。類給付

例交付金。パスポートの交付。

法令には「公布日」と「施行日」がある。衆議院と参議院で可決されて成立した法令は、「公布日」以降の周知・準備期間を経て、「施行日」から効力をもつようになる。

【越える・越す】

ある場所・地点・時を過ぎて、その先に進む。

例国境を越える。困難を乗り越える。選手としてのピークを越える。峠を越す。冬を越す。度を越す。勝ち越す。年を越す。

【超える・超す】

ある基準・範囲・程度を上回る。

例現代の技術水準を超える建築物。人間の能力を超える。想定を超える大きな災害。10万円を超える額。1億人を超す人口。

「越える・越す」は、移動して通過することに重点が、「超える・超す」は、元のものより大きくなったり多くなったりすることに重点が置かれる。「越」は、「…がいちばんいい」という意味で「…に越したことはない」という使わ

れ方をしたり、「行く・来る」の尊敬語「お越しになる」で使われたりもする。

【氷・氷▽る】

水が冷えて固体になった冷たいもの。

例氷が張る。氷で冷やす。かき氷。氷のような視線。池の水が氷る。水道が氷る。

【凍る】

水などの液体が冷えて氷になる。含まれている水分が冷えて固くなる。非常に冷たく感じる。

例池の水が凍る。水道が凍る。野菜が凍る。身も凍る思い。

「こおる」という場合には「氷」も使えるが、一般的に「凍」を使う。「こおり」を指す場合には「氷」を使う。

　　　　　　　→かた

【固持】

態度や考えなどを変えずに頑固に持ち続けること。類堅持・固執

例自説を固持して譲らない。中立を固持する。

【固辞】

固く辞退すること。

例誘いを固辞する。就任を固辞する。

あくまでも**固辞**する。

「**固辞**」は「**辞退**」と同様、謝礼・お祝い・弔問などを受けることを遠慮するという意味でも使う。

こす →こえる・こす

こたえる

【答える】

解答する。返事をする。類応答する・返答する・回答する 対問う
例アンケートに**答える**。設問に**答える**。名前を呼ばれて**答える**。質問に対して的確に**答える**。

【応える】

働きかけに対して応じる、報いる。外からの刺激がつらく感じられる。類応じる・ひびく・報いる
例期待に**応える**。声援に**応える**。恩顧に**応える**。寒さが**応える**。時代の要請に**応える**。

【堪▽える】

ある状態をそのまま保つ。類耐たえる・堪こらえる
例踏み**堪える**。持ち**堪える**。**堪えられ**ないほどおいしい。

「**応**」と同じ意味で「**報**」を使うこともある。「**堪える**」は我慢していることを強調でき、一般的にかな書きで使うことが多い。

こむ

【混む】

混雑する。店内が混み合う。人混み。対すく
例電車が**混む**。人**混み**を避ける。**混み**合う店内。

【込む】

重なる。入り組む。入れる、入る。すっかり…する、じゅうぶん…する。
例電車が**込む**。**込み**合う店内。人**込み**を避ける。負けが**込む**。仕事が立て**込む**。手の**込ん**だ細工を施す。乗り**込む**。飛び**込む**。信じ**込む**。ふさぎ**込む**。走り**込む**。煮**込む**。雨が吹き**込む**。日程が**込ん**でいる。

「**混雑する**」という意味では、もともと多くの人や物が重なるように1か所に集まる様子から「**込む**」と書かれてきたが、現在は「**混雑**」という語との関係から「**混む**」と書くほうが一般的。

こめる

【込める】

中にすっぽり入れる。気持ちなどをじゅうぶんに入れる。類詰める
例閉じ**込める**。封じ**込める**。弾を**込める**。心を**込める**。意味を**込める**。

【籠▽める】

中に入れて外に出さない。すっぽりとおおう。

例部屋に閉じ籠める。封じ籠める。セメントで塗り籠める。霧が立ち籠める。

一般的には「込」を使う。「籠」を使うと、「外に出さない」こと、あるいは「すっぽりとおおう」というニュアンスがはっきり出せる。

【怖い】

おそろしくて逃げ出したい。
例怖い幽霊。高い所が怖い。怖がり。怖いもの知らず。雷が怖い。

【恐▽い】

おそろしくて心配や不安になる。
例恐い顔。恐い先生。恐い病気。あとが恐い。恐いほどの混雑。

【強▽い】

変化しにくい、固い。
例強いご飯。シャツの糊が強い。情が強い。

「怖」と「恐」は、どちらも「おそろしい」ことを表し、ほとんど同じように使われるが、あえて区別するならば、「怖」は「その状態から逃げ出したい」ときに、「恐」は「心配や不安になる」ときにしっくりくる。

【今季】

今年の、この季節。類シーズン
例今季の首位打者。今季初の記録。今季の成績。

【今期】

現在の期間。特に、現在の決算期。類当期
例今期の売り上げ。今期は黒字だ。今期の欠損金。今期の国会。

野球では、1年のうちオフシーズン以外の試合が開催されている期間を「シーズン」と呼び、「今季」というと直近のシーズンを指す。野球以外にもサッカーやモータースポーツといったスポーツリーグ全般でも使われる。一方、「今期」は囲碁・将棋の棋戦や企業の決算期などで使われる。

さ

さいけつ

【採決】

議案について、可否を決めること。
例法案を**採決**する。強行**採決**。挙手に
よる**採決**。

【裁決】

上の立場の者が物事の処分を決める
こと。
例社長に**裁決**を仰ぐ。**裁決**が下りる。
裁決に従う。

▼「**裁決**」は、官公庁が審査の請求に対
して下す決定のことをいうことが多
い。

さいご

【最後】

いちばんあと。いちばんうしろ。終
わり、おしまい。対最初
例**最後**を飾る。**最後**の願い。**最後**まで
がんばる。**最後**の手段。

【最期】

死ぬこと。滅亡すること。類いまわ
の際・死に際・末期・臨終
例非業な**最期**。**最期**の地。**最期**の言
葉。**最期**を遂げる。平家の**最期**。

▼「**最後**」は、1度限りかどうかにかかわ
らず、さまざまな物事の終わりを意

味する。「**最期**」は命や時代、国や文明
など、1度限りのものが終わることを
意味する。

さいしょう

【最小】

いちばん小さいこと。対最大
例**最小**限度。世界**最小**の島。**最小**公倍
数。**最小**の努力で最大の効果をあげ
る。

【最少】

いちばん少ないこと。対最多
例**最少**額。**最少**人数。**最少**得点。

▼「さいしょうげん」は「**最小**限」と書く。
「**最少**限」という言葉はないので注意
が必要。

さがす

【探す】

欲しいものを尋ね求める。
例貸家を**探す**。仕事を**探す**。辞書で言
葉を**探す**。他人の粗を**探す**。口実を
探す。宝探し。講演の題材を**探す**。

【捜す】

所在の分からない物や人を尋ね求め
る。
例うちの中を**捜す**。犯人を**捜す**。紛失
物を**捜す**。行方不明者を**捜す**。

▼一般的には「**探**」を使うが、「**捜**」は特

定のものの所在が分からない場合に、「探」は不特定の欲しいものを求める場合に使う。

さかな

【魚】

水の中に棲み、えら呼吸をして、ひれで泳ぐ動物の総称。類うお・魚類 例海の魚。魚を釣る。焼き魚。魚料理。

【肴】

酒を飲むときに、おかずとして食べるもの。酒を飲むときに、楽しみを添える歌や踊り、話の種。類つまみ 例酒の肴。チーズを肴に一杯やる。同僚の失敗談を肴にしながら飲む。

もともと「さかな」は「酒菜」と書き、酒を飲むときの食べ物(おかず)を指した。

さがる・さげる

【下がる・下げる】

下のほうへ動く、低くする。下に垂らす。度合が低くなる。働きや調子などが悪くなる。時代が現代に近くなる。後方へ動く。身分の高い人のところから帰る。類落ちる 対上がる・上げる
例ズボンが下がる。幕が下がる。体温が下がる。テンションが下がる。時代が下がる。2歩下がる。御前から下がる。値段を下げる。室温を下げる。問題のレベルを下げる。等級を下げる。軒に下げる。

【提げる】

手に持ったり肩に掛けたりするなどして、下につるすようにする。つるすように手に持つ。
例バッグを肩から提げる。手提げ鞄で通学する。タオルを腰に提げる。大きな荷物を手に提げる。手提げ金庫。

一般的には「下」を使う。手や肩から垂らす場合は「提」を使う。「後ろに退がる」「引き退がる」「控えの間に退がる」など、中心から遠ざかり、退く場合には「退」を使うこともある。

さく・さける

【裂く・裂ける】

引っ張ったり切ったりして、破る。引き離す。類分裂
例布を裂く。2人の仲を裂く。切り裂く。大地が裂ける。口が裂けても言わない。岩の裂け目。

【割く】

あるものの一部をほかに回す、分け与える。類分割・割り当てる
例時間を割く。事件の報道に紙面を割く。警備のために人手を割く。

「裂」には、本来離すべきでないもの

を無理に分けるというニュアンスがある。

さくい

【作為】

わざと作ったこと、作りごと。(法律で)自分から進んでしたこと。

例 **作為**の跡がある。無**作為**。不**作為**犯。

【作意】

作品に込められた作者の意図。企らみ、企みの心。

例 **作意**がよくわからない。**作意**がある。

▽「無**作為**」は「ランダム」の意味で、調査対象を選定する方法として「無**作為**抽出」などと使う。「不**作為**」は法律用語で、「法によって期待された行為をしないこと」をいう。

さくせい

【作成】

文書・計画・書類などを作ること。

例 計画を**作成**する。レポートの**作成**。問題**作成**。プログラムを**作成**する。

【作製】

品物や図面などの具体物を作る。 類 製作・製造

例 新商品を**作製**する。地図の**作製**。

▽「**作成**」は特にものの内容を作るとき、

「**作製**」は具体物を作るときに使う。たとえばチラシなどの印刷物の場合、原案を作ることは「チラシを**作成**する」、工場などで大量に印刷することは「チラシを**作製**する」という。手作りで少数部数をプリントアウトするような場合は、「**作成**」も「**作製**」も使える。芸術作品を作り出す場合に「**作製**」を使うこともある。

さける	→さく・さける
さげる	→さがる・さげる

さす

【差す】

挟み込む。かざす。注ぐ。加える。さしはさむ。生じる。

例 腰に刀を**差**す。抜き**差**しならない状況にある。傘を**差**す。日が**差**す。目薬を**差**す。**差**しつ**差**されつ。紅を**差**す。顔に赤みが**差**す。嫌気が**差**す。魔が**差**す。

【指す】

方向・事物などを明らかに示す。将棋の駒を動かす。

例 方角を指で**指**す。**指**し示す。目的地を**指**して進む。名**指**しをする。授業中に何度も**指**された。将棋を**指**す。

【刺す】

とがった物を突き入れる。刺激を与える。野球でアウトにする。

例 針を**刺**す。蜂に**刺**される。串刺しにする。鼻を**刺**す嫌な臭い。本塁で**刺**

される。

【挿す】

細長い物を中に入れる。さしはさむ。
題挿入
例花瓶に花を挿す。髪にかんざしを挿す。刀を挿す。一輪挿し。挿絵。

【注▽す】

液体を流し入れる、あらたに加える。
題注ぐ・注入
例器械に油を注す。水を注す。目薬を注す。杯を注す。紅を注す。

【点▽す】

液体を流し入れる、あらたに加える。
題注ぐ・注入・点眼する
例機械の部品に油を点す。水を点す。目薬を点す。杯を点す。紅を点す。

【射▽す】

光が当たる。
例西日が射す。薄日が射す。朝日が射す。

【鎖▽す】

戸や門などを閉じる、閉める。題施錠する・閉ざす
例夜間は門を鎖す。開き戸を鎖す。

▽
一般的に「差」「指」「刺」「挿」を使い、「指」「刺」「挿」で表せないものには、「差」を使えばよい。液体を注ぐ場合には「注」を使ってもよい。また、「目薬をさす」のように滴を垂らす場合

や、「紅をさす」のように部分的に明るい色を塗る場合には「点」を使うこともある。光が当たる場合には「射」が使われることがある。「鎖」は、戸や門に錠をかけたり樽などの容器に栓をしたりする場合に使われる。毒虫などが「さす」場合に「刺」の代わりに「螫」が使われることもある。

さとる

【悟る】

迷いから抜け出して、真理を知ること。
例悟りを得る。悟りの境地。死期を悟る。

【覚▽る】

(感覚的に)はっきりと知る、見抜く。勘づく。
例異変を覚る。他人には覚られないようにする。死期を覚る。

▽
「悟」はそのことを理解して受容する場合に使い、「覚」は直感的に気づく場合に使う。「死期を覚る」とすると死期を自覚したことを、「死期を悟る」とすると死を受け入れる心づもりまでできたことを表すことができる。

さばく

【裁く】

争いごとの正否を決める。題裁定・裁判

例人を裁く。罪を裁く。法の裁きを受ける。事件を裁く。

【捌く】

物事を上手に処理する。商品などをうまく売る。切り分けたりバラバラにしたりして調える。園処理

例仕事を捌く。手綱を捌く。ハンドル捌き。在庫を捌く。魚を捌く。髪の毛を捌く。

「裁」には、「判決する・判断する」「見定める・評価する」という意味があり、裁判などの争いごとの場面で使われる。「捌」は、世の中を「うまく処理する」(=物分かりが良い)という意味合いで「捌けた人」と使われることがある。

さびしい

【寂しい】

ひっそりして心細い感じがする。孤独で心が満たされない。欲しいものやあるべきものがなくて、もの足りない。

例寂しい街。寂しい夜。寂しい生活。恋人と別れて寂しい。懐が寂しい。口が寂しい。

【淋しい】

心細くて悲しい。

例淋しい生活。恋人と別れて淋しい。淋しさに涙する。

一般的には「寂」を使う。「淋」を使うと、心細くて悲しい心情が表現できる。「さみしい」は「さびしい」の転。常用漢字表では「寂」も「淋」も「さみしい」の読みは認められていないため、「さみしい」と読んでもらいたい場合には、かなを使うとよい。

さます・さめる

【覚ます・覚める】

睡眠や迷いなどの状態から元に戻る。酒の酔いがなくなる。

例太平の眠りを覚ます。迷いを覚ます。目が覚める。寝覚めが悪い。酒が覚める。

【冷ます・冷める】

温度を下げる。高ぶった感情などを冷やす。

例お茶を冷ます。熱を冷ます。湯冷まし。湯が冷める。料理が冷める。熱が冷める。興奮が冷める。興が冷める。

【醒ます・醒める】

酒の酔いや高ぶった感情などがなくなってすっきりする。

例酔いを醒ます。酒が醒める。興が醒める。迷いから醒める。

【褪める】

物の色が艶を失って薄くなる。園あせる

例本の表紙の色が褪める。何度も洗濯した服の色が褪める。

💧「酒が覚める」は酔った状態でなくなったことを表すが、「酒が醒める」にすると、意識がすっきりしたことが強調できる。同様に「興が醒める」は、単に高ぶった状態がおさまっただけでなく、冷静になったことをも表すことができる。「褪」は、長い時間が経過したり日光に当たったりした結果、本来の色が薄くなる場合に使う。

さみしい	→さびしい
さめる	→さます・さめる
さわり・さわる	

【触り・触る】

触れる。関わり合う。

例手触りが良いタオル。舌触り。そっと手で触る。展示品に触らない。政治的な問題には触らない。触らぬ神に祟りなし。

【障り・障る】

害や妨げになる。不快になる。

例目障り。耳障りな音。あたり障り。激務が体に障る。出世に障る。気に障る言い方をされる。しゃくに障る。

💧「触り」には、「話や物語、曲などの最もいいところ、中心となる部分」という意味があり、「触りを聞かせる」のように使われる。

し

しあん

【思案】

いろいろ考えること。考え込むこと。

例思案のしどころ。**思案**に余る。**思案**に暮れる。**思案**顔。

【試案】

試みにつくってみた計画や考え。類素案・たたき台

例試案を作成する。─試案。

【私案】

自分ひとりの案、考え。

例私案にすぎない。**私案**を述べる。

💧「思案」は、「どうしたものかと思案する」「あれこれ思案せずにはいられない」など動詞としても使う。一方、「試案」「私案」は名詞としてだけ使われ、「…する」の形では使わない。

しき

【士気】

兵士の戦いに対する意気。物事を行うときの意気込み。

例士気を高める。**士気**があがる。

【志気】

物事を行うときの意気込み。

例志気盛んだ。

一般的には「**士気**」が使われている。あえて使い分けるときは、集団や組織全体の意気込みを指すときは「**士気**」、個人の意気込みを指すときは「**志気**」を使う。

じき

【時期】

何かをする期間、何かがある期間。
例紅葉の**時期**。収穫の**時期**。**時期**尚早。大切な**時期**。

【時季】

何かをするのにいい季節、何かがある季節。類シーズン・時節
例花見の**時季**。**時季**外れ。台風の**時季**。

【時機】

今がチャンスだという、最も適当な機会。類好機
例**時機**をうかがう。**時機**を失する。**時機**到来。

季節・シーズンに重点を置く場合には「**時季**」を使い、その出来事をもとに時を区切っていう場合には「**時期**」を使う。

しく

【敷く】

広げて置く。何かの下に置く。一面にまき散らす。一定の範囲に行き渡らせる。
例布団を**敷く**。尻に**敷く**。砂利を**敷き**つめる。鉄道を**敷く**。市政を**敷く**。箝口令を**敷く**。

【布▽く】

一定の範囲に行き渡らせる。類布告・布陣
例市政を**布く**。箝口令を**布く**。

一般的には「**敷**」を使う。制度などをある範囲に行き渡らせる場合には「**布**」を使うこともできる。

しこう

【志向】

あることを目指すこと、あることに気持ちが向くこと。類意図
例消費者の**志向**を調査する。ブランド**志向**。未来**志向**。革命を**志向**する。

【指向】

ある方向や目的に向かうこと。
例一点に**指向**する。**指向**性の高いマイク。**指向**性アンテナ。

「**志向**」は意識や気持ちがある方向へ向かう場合に使う。一方、「**指向**」は物理的にある方向へ向かう傾向に使う場合が多い。

【静か】

物音や声がしないで、ひっそりしている。乱れや動きがない。穏やかで落ち着いている。

例 **静**かな部屋。**静**かに歩く。**静**かにしろ。波が**静**かだ。**静**かな性格。

【閑▽か】

穏やかで落ち着いている。 類閑静

例 **閑**かな住宅街。**閑**かな生活。**閑**かな夜。

 一般的には「静」を使う。「閑」を使うと穏やかで落ち着いていることを表すことができる。「迷いや欲望のない、穏やかだ」という意味で「寂」が使われることもあり、「寂かな心」などの形で使う。

【静まる・静める】

動きがなくなり落ち着く。

例 心が**静**まる。嵐が**静**まる。騒がしい場内を**静**める。気を**静**める。

【鎮まる・鎮める】

押さえつけて落ち着かせる。鎮座する。

例 内乱が**鎮**まる。神々が**鎮**まる。反乱を**鎮**める。痛みを**鎮**める。咳_{せき}を**鎮**める薬。

【沈める】

水中などに没するようにする。低くする。

例 船を**沈**める。ベッドに身を**沈**める。椅子に腰を**沈**める。身を**沈**めて銃弾をよける。

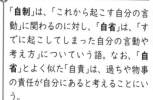 「静」は、自ら落ち着く場合に使い、「鎮」は、なんらかの働きかけによって落ち着く場合に使う。

【自制】

自分で自分の欲望を抑えること。 類自重・セルフコントロール

例 **自制**心。行動を**自制**する。**自制**を失う。

【自省】

自分で自分の行為や考え方などを反省すること。

例 **自省**の念。**自省**を求める。**自省**する。

「**自制**」は、「これから起こす自分の言動」に関わるのに対し、「**自省**」は、「すでに起こしてしまった自分の言動や考え方」についていう語。なお、「**自省**」とよく似た「自責」は、過ちや物事の責任が自分にあると考えることにいう。

じせい

【時世】

(移り変わっていく)世の中。類時代
例ありがたいご**時世**。このご**時世**。

【時勢】

時の成り行きや勢い、世の動き。類
時流
例**時勢**を読む。**時勢**に合わない。**時勢**
に流される。**時勢**に遅れる。今日の
時勢。

▽
「**時世**」は移り変わるそれぞれの時代。
一方、「**時勢**」は時代とともに移り変
わる世の中の流れや傾向を指す。死
に際に詠んだ詩歌や残した言葉を「**辞
世**」という。

じせん

【自選】

自分の作品の中から自分で選ぶこと。
例**自選**句集。作品集に載せる作品を**自
選**する。

【自薦】

自分で、自分や自分の作品を推薦す
ること。対他薦
例**自薦**でも他薦でもかまわない。**自薦**
の作品。

▽
「推薦」はふつう自分以外の他人にす
るが、「**自薦**」は自分で自分にすること
にいう。「他薦」は(自分以外の)他人に

することで、「**自薦**」に対してできた言
葉。

したがう

【従う】

ついていく、つきそっていく。決ま
りや方針の通りにする。自然だと思
うものの通りにする。対逆らう・背
く・のっとる
例父に**従**って旅をする。法律に**従**う。
忠告に**従**う。道理に**従**う。本能に**従**
う。

【随▽う】

ついていく、つきそっていく。決ま
りや方針の通りにする。自然だと思
うものの通りにする。類随行・随伴
例父に**随**って旅をする。命令に**随**うだ
け。

▽
一般的には「**従**」を使う。「**随**」は「**従**」と
同じように使われるが、自主性がな
いまま行うニュアンスがある。「世間の
風潮にしたがう」「道理にしたがう」な
ど、時代の流れや多数の意見、道理
などに逆らわずに行う場合には「順」
が使われることもある。「法律にした
がう」「伝統にしたがう」「教えにしたが
う」など、決まりや方針の通りにする
場合には「遵」が使われることもある。

【視聴】

テレビ番組などを見たり聞いたりすること。注目、関心。

例視聴者。視聴率。視聴覚。世間の視聴を集める。視聴質。

【試聴】

試しに聞くこと。

例試聴用のCD。試聴室。

▼

「視聴率」はテレビでの割合のことだが、ラジオの場合は「聴取率」という。

【実体】

物事の奥にある本当の中身。類実物

例実体がない。実体を摑む。実体経済。実体のないダミー会社。

【実態】

表面からはわかりにくい、本当の状態。類実情

例社会生活の実態。実態を調査する。実態を明らかにする。

▼

「名は体を表す」というように「体」には「物事の本質」という意味があり、「実体」も物事の「本当の中身、本質」を表す。「態」には「形、姿、ありさま」という意味があり、「実態」は、物事の「本当の状態」を表す。

【辞典】

言葉についての「じてん」。

例国語辞典。英和辞典。

【事典】

物や事柄についての「じてん」。

例百科事典。音楽事典。

【字典】

漢字についての「じてん」。

例常用漢字字典。康熙字典。

▼

3つを区別するために「辞典」を「ことばてん」、「事典」を「ことてん」、「字典」を「もじてん」ということがある。

【自任】

それが自分の務めであると考えること。自分がそれにふさわしいと考えること。類自負

例小説家と自任している。第一人者をもって自任する。密かに自任する。

【自認】

自分に関することについて、自分で認める。

例自らの過ちを自認する。酒豪であることを自認。自認する性。

▼

「自任」は、場合によっては「思い込み」というニュアンスを含むことがあ

る。「**自認**」は、自らについての事実を自覚することであり、ネガティブな事実にもポジティブな事実にも中立的な場合にも、幅広く使われる。

【忍ぶ】

人に気づかれないように密かに行う。我慢する。

例 忍び寄る。忍び泣き。懐に忍ばせる。人目を忍ぶ。世を忍ぶ。忍ぶ恋。恥を忍んで。耐え忍ぶ。

【偲ぶ】

懐かしく思い出す。（偲ばれるの形で）推しはかられる。

例 昔を偲ぶ。亡き友を偲ぶ。優しい人柄が偲ばれる。

我慢できず、平気でいられないことを「…するにしのびない」の形で使う。「忍」を使うこともあるが、かなで書くことが多い。「懐かしく思い出す」の意味で「**慕**」が使われることもある。

【絞る】

ねじって水分などを出す。無理に出す。小さくしたり、狭くしたりする。

例 雑巾を絞る。知恵を絞る。声を振り絞る。範囲を絞る。ボリュームを絞る。手拭いを絞る。音量を絞る。

【搾る】

締めつけて液体を取り出す。無理に取り立てる。類 搾取

例 乳を搾る。レモンを搾った汁。ゴマの油を搾る。年貢を搾り取られる。

しぼった結果、有益な液体を取り出す場合は「**搾**」を使う。

【締まる・締める】

ゆるみのないようにする。区切りをつける。対 たるむ・ゆるむ

例 紐が締まる。引き締まった顔。帯を締める。ねじを締める。心を引き締める。財布の紐を締める。羽交い締め。売り上げを月末で締める。申し込みの締め切り。

【絞まる・絞める】

首の周りを強く圧迫する。

例 ネクタイで首が絞まって苦しい。柔道の絞め技。自らの首を絞める発言。

【閉まる・閉める】

開いているものを閉じる。対 あく・ひらく

例 戸が閉まる。カーテンが閉まる。蓋を閉める。店を閉める。扉を閉め切りにする。

「**絞**」は首が圧迫された結果、息ができなくなる場合に使う。一方、「ネク

タイを締める」は息ができなくなるわけではないため「締」を使う。「締」よりもさらにゆるみがないことを表す場合、「身が引き緊まる思いがする」など「緊」を使うこともできる。

しみる

【染みる】

液体や気体が移りつく、しみこむ。入りこんだ刺激が痛みになる。心に深く感じる。

例雨が地面に染みる。汗が染みたハンカチ。匂いが染みる。味が染みる。冷たさが歯に染みる。身に染みる。

【沁みる】

入りこんだ刺激が痛みになる。深く感じる。

例冷たさが歯に沁みる。煙が目に沁みる。身に沁みる。五感に沁みる。

【浸みる】

液体が入りこむ。類浸透する

例雨が地面に浸みる。汗が浸みる。

【滲みる】

液体や気体が移りつく、しみこむ。入りこんだ刺激が痛みになる。心に深く感じる。類にじむ

例インクが紙に滲みる。雨が地面に滲みる。汗が滲みたハンカチ。冷たさが歯に滲みる。身に滲みる。

【凍みる】

厳しい寒さで物が凍る。非常に冷たく感じられる。類凍る

例地面が凍みる。凍み豆腐。凍みる夜。凍みる寒さ。

一般的には「染」を使う。刺激を感じたとき、心に深く感じたときは「沁」を使うことができる。液体が入りこむ場合は「浸」、「しみ出る」というニュアンスで「滲」を使うこともある。「凍」は北海道・東北・中部などで使われる方言。「血が滲み出る」「雨水が滲み出る」など液体がにじみ出る場合は「滲」を使うこともできる。

しめる　　　　　　→しまる・しめる

じゃっかん

【若干】

(はっきりしない数量について)それほど多くないこと。

例若干名。若干疑わしい。若干の例外。

【弱冠】

年が若いこと、年の若い者。

例弱冠16歳で優勝する。弱冠の時より。弱冠ながら。

「弱冠」は、まだ若いのに経験豊富な人たちの中で優れた成果をあげたときなどに使う。

しゅうき

【秋季】

季節としての秋。

例秋季大会。秋季限定スイーツ。

【秋期】

秋の間、秋の期間。

例秋期休講。秋期講習。秋期研修。

秋であることに重点を置く場合には「秋季」を使い、何かをする期間が秋であった場合には「秋期」を使う。

しゅうきょく

【終局】

(碁や将棋で)打ち終わり。物事の結末がつくこと。類終幕・終末 対開局・発端

例終局に至る。終局を迎える。終局においては。討論が終局する。

【終極】

終わり、果て。類究極

例終極的には…に達する。終極の目的。人生の終極。終極点。

【終曲】

楽曲の最後の部分、最終楽章。(オペラなどの)最後の場面。類フィナーレ 対序曲

例みごとな終曲。オペラの終曲。

「終局」のみ「質疑を終局する」のよう

に動詞として使うことができる。「終極」はやや古めかしい表現で、物事が行きつく最終段階のことをいう。

しゅうこう

【就航】

新しく造られた船や飛行機が、初めて航路に就くこと。船や飛行機が運航されていること。

例大型タンカーが大西洋に就航する。就航の許可が下りる。定期就航。

【舟航】

船で行くこと。類航海

例舟航の便。離島へ舟航する。

【周航】

あちこち船で巡ること。類回航・巡航

例湾内を周航する。世界を周航。

「就航」は「航路に就くこと」、「舟航」は「舟(船)で航海すること」、「周航」は「周回しながら航海すること」のように、漢字の意味を考えると使い分けに迷わない。

しゅうし

【終止】

終わること。対開始

例終止符。終止形。終止させる。

【終始】

始めから終わりまで。類首尾
例終始笑みが絶えない。終始無言で。
終始努力を怠らない。**終始**一貫。空しい議論に**終始**した。

💡「**終止**」は終了した「時点」に焦点がある。一方、「**終始**」は開始から終了までの一定の「時間幅」があり、かつその間ずっと状態が変化しないという意味合いが含まれる。

【収集】

物を集めること、また、その集めた物。類コレクション
例コインの**収集**。**収集**家。**収集**癖。ごみの**収集**車。**収集**日。

【収拾】

混乱をおさめて正常に戻すこと。類収束
例事態を**収拾**する。**収拾**がつかない。

💡「**収集**」は「**蒐集**」と書くこともある。「**蒐**」は「集める」という意味をもつ漢字。

【柔順】

おとなしくて素直だ。命令や指図に逆らわない。類温順

柔順な性格。お上に**柔順**。飼い主に**柔順**な犬。

【従順】

命令や指図に逆らわない。類服従
例お上に**従順**。飼い主に**従順**な犬。

💡「命令や指図に逆らわない」場合は「**従順**」を使うと意味がはっきりするが、「**柔順**」も同じ意味で使うことができる。「**柔順**」は特に性格や態度などに重点がある。

【重症】

病気の具合がひどく悪いこと。対軽症・中等症
例**重症**患者。思ったより**重症**だ。

【重傷】

命に関わるような深刻な大けがをすること、また、そのけが。対軽傷
例**重傷**を負う。**重傷**を負わせる。**重傷**患者。

💡報道などでは、全治1か月以上のけがの場合は「**重傷**」、1か月未満のけがの場合は「**軽傷**」としている。

【修正】

よくないところを適切に直すこと。
例原文を**修正**する。字句を**修正**する。

修正案。軌道**修正**。フォームを**修正**
する。

【修整】

写真や画像の色や形を整えたり直し
たりすること。類レタッチ

例写真を**修整**する。画像が簡単に**修整**
できるアプリ。

一般的には「**修正**」を使うが、写真や
画像の場合は「**修整**」を使う。

【周知】

広く知れわたること。類公知

例**周知**の事実。**周知**のように。**周知**徹
底させる。

【衆知】

大勢の知恵。

例**衆知**を集める。

「**衆知**」も「**衆知**の…」という形で、「広
く知れわたること」の意味で使われる
こともあるが、「**周知**」の方が一般的。

【収得】

手に入れること、自分のものにする
こと。類取得

例株式を**収得**する。偽造通貨を**収得**す
る。**収得**罪。**収得**賞金。

【拾得】

落とし物を拾うこと。対遺失

例**拾得**物。**拾得**者。定期券を**拾得**した
ので駅に届けた。

「**拾得**物」は「誰かに拾われた落とし
物」のことで、駅や警察などで使われ
る。対して、「忘れたり落としたりし
た物」のことを「遺失物」という。

【修得】

学問、技芸や技術を身につけること。
学業の過程を学び終えること。

例新しい技を**修得**する。外国語を**修得**
する。知識を**修得**する。単位を**修得**
する。

【習得】

習い覚えること。

例言葉を**習得**する。新しいソフトの使
い方を**習得**する。ダイビングのライ
センスを**習得**する。

「**修得**」と「**習得**」の区別は、現在では
非常にあいまいになっているが、「**修
得**」はおもに学問学業に関して使わ
れ、「**習得**」は学問学業に限らず技術
や知識など幅広いものに対して使わ
れる傾向がある。また、「**習得**」は「誰
かに習う」ことに重点がある場合に使
われる。学校の「単位」については「**修
得**」を使う。

しゅうりょう

【終了】

終わること、終えること。類完了
対開始
例会期を終了する。試合終了。終了時間。

【修了】

一定の学業や課程を学び終えること。
例全課程を修了する。修了証書。修了試験。修士課程修了。

「修了」は「卒業」と似ているが、大学院へ入学し、修士課程や博士課程を終えた場合には「修了」を使い、「卒業」とは言わない。

しゅぎょう

【修行】

仏や神の教えや武芸を身につけるために努力を積むこと。
例寺で修行する。修行僧。武者修行。

【修業】

学問や技芸を身につけるために学ぶこと。
例住み込みで修業中。板前修業。師匠の元で修業する。

「学問や技芸を身につける」場合は「修業」を使うと意味がはっきりするが、「修行」も同じ意味で使うこともでき

る。「修業」を「しゅうぎょう」と読む場合は、「学業や課程を学び終えること、修了」という意味になる。

しゅさい

【主催】

責任者となって催しなどを行うこと、また、その団体や機関。
例国際大会を主催する。テレビ局主催のイベント。学生主催のコンクール。

【主宰】

代表者として物事を行うこと、また、その人。
例会議を主宰する。同人誌の主宰。首相が閣議を主宰する。

「宰」には「司る、取り仕切る」という意味があり、「主宰」は中心、あるいは指導的な立場で物事を運営管理する場合に使われる。

じゅしょう

【授賞】

賞を与えること。対受賞
例功労賞の授賞式。

【受賞】

賞をもらうこと。対授賞
例大賞を受賞する。受賞作品。

【授章】

勲章や褒章を与えること。対受章

例文化勲章を**授章**される。

【受章】

勲章や褒章をもらうこと。対授章
例文化勲章を**受章**する。**受章**者。

💡 「**受章**」のうち、特に勲章をもらう場合「**受勲**」を使うことがある。一方、「**授章**」のうち、特に勲章を与えることを「**授勲**」「**叙勲**」を使うことがある。

【首席】

成績や地位が最上位であること。
例**首席**で卒業する。代表団の**首席**。

【主席】

国家など大組織の最高責任者。類首班
例政府**主席**。故毛沢東**主席**。

💡 「**首席**」の「**首**」には「おさ(長)」の意味もあるが、ここでは「はじめ・先頭」の意。同じ意味の「**首**」を使った語に「首位(=第1位)」「首夏(=初夏)」「首相(=大臣の中で第一席の者)」などがある。

【春季】

季節としての春。
例**春季**大特売。**春季**休暇。

【春期】

春の間、春の期間。
例**春期**休講。**春期**補講。**春期**研修。

💡 春であることに重点を置く場合には「**春季**」を使い、何かをする期間が春であった場合には「**春期**」を使う。休暇は「**春季**休暇」も「**春期**休暇」も使われているが、法律や放送などでは「**春季**」が使われている。

【障害】

妨げになるもの。類ネック・ハードル
例**障害**を乗り越える。**障害**が残る。**障害**物競争。

【傷害】

けがをしたりさせたりして、体を傷つけること。類危害・負傷
例**傷害**事件。**傷害**保険。

💡 「**障害**」を「**障碍**」と書いて使う場合もあるが、「碍」が常用漢字表にない漢字であるため「障がい」とかな書きされて使われることもある。

【小額】

額面が小さいこと。類高額
例**小額**紙幣。**小額**公債。

【少額】

金額が少ないこと。類 低額 対 高
額・多額

例 多額と少額。少額貯蓄。少額の取
引。

「小額」は、米1ドル札や日本の50銭
券などの券面に書かれた額が「小さ
い」ことをいう。一方、「少額」は、
ボーナスが「少ない」、「少ない」額を
積み立てて投資する、など全体のお
金が多くないことをいう。

【召集】

呼び出して集めること。
例 国会を召集する。召集令状。

【招集】

人を招き集めること。
例 総会を招集する。休日招集。代表
チームに招集する。

「召集」は天皇の国事行為として憲法
で定められている国会の召集のほか、
旧日本軍が徴兵する際にのみ使われ
る。一般的には「招集」を使う。地方
公共団体の議会や社員総会、株主総
会、取締役会などの場合も「招集」を
使う。

【正味】

余計な部分を除いた中身の重さ。本
当の数や量。
例 正味300グラム。正味8時間、働く。
正味は半分ぐらいになる。

【賞味】

よく味わって食べること、おいしく
食べること。
例 ご賞味ください。ありがたく賞味す
る。賞味期限。

「正味」を関西では「本当のところ」とい
う意味で「しょーみな話おもろない」な
どと使う。

【食料】

食べ物。類 食物もつ
例 食料品店。食料自給率。食料を買い
出しに行く。

【食糧】

食べ物。特に主食を中心とした食べ
物。
例 食糧不足。食糧の確保。食糧危機。

「食料」は、食べ物全般や食材を表し、
主食のほか、肉や魚、野菜なども含
む。「食糧」は、米や麦などの主食を指
す。人類の生存に関わるという観点
から「食糧自給率」「食糧問題」などは

主食を示す「食糧」と書くことが多かったが、最近は「食料」と書くことも多くなっている。「食物しょく」は、飲みものも含めた食べ物をいうことが多い。また、ふだん口にするものをいうときは「食料」を使い、生命活動や栄養素に注目していうときは「食物しょく」を使う。

じょせい

【助成】

事業や研究を援助すること。
例助成金。国が研究開発を**助成**している。**助成**を受ける。

【助勢】

力を貸して助けること、また、その人。類加勢・助力
例友人に**助勢**を頼む。**助勢**を受ける。**助勢**を買ってでる。

💡「**助成**」は、成し遂げさせるためにおもに経済面で支援すること。一方、「**助勢**」は、手を差し伸べたり励ましたりして助けること。

じょまく

【序幕】

芝居の最初の1幕。始まり。類第一幕 対終幕
例**序幕**から激しい展開の芝居。革命の**序幕**。**序幕**にすぎない。

【除幕】

記念碑や銅像などの落成を祝って、おおっていた幕を取り去ること。
例**除幕**式。銅像を**除幕**する。

💡「物事の始まり」という似た意味で「プロローグ」があるが、「プロローグ」は特に劇や小説などの前置きのことで、「序幕」の内容が「プロローグ」に当たることがある。

しょよう

【所要】

何かをするために必要となること。
例**所要**時間。**所要**経費。**所要**の手続き。

【所用】

「用事」の改まった言い方。
例**所用**で外出しております。**所用**のため、失礼します。**所用**をすませる。

💡「**所用**」は、「用事」と同じように「…がある」「…のため」「…で」のように使われる。ただし、「…がない」はあまり使われない。

しらせ・しらせる

【知らせ・知らせる】

人に知らせること。何かが起こる兆し。
例全員無事との**知らせ**。うれしい**知ら**

せが届く。虫の**知**らせ。決定事項を
知らせる。

【報せ・報せる】

人に知らせること。何かが起こる兆
し。

例 全員無事との**報**せ。決定事項を**報**せ
る。正午を**報**せるチャイム。

一般的には「**知**」を使う。情報を求め
る相手へ「報告」や「報道」をする場合
や「時報」「電報」でしらせるときなど
は、「**報**」が使われることもある。

しりぞける

【退ける】

後ろに動かす。追い返す。遠ざけ
る。試合や勝負で負かして引き下が
らせる。意見や申し出などを断る。

例 身を**退**ける。敵を**退**ける。部外者を
退ける。大差をつけて**退**けた。要求
を**退**ける。

【斥ける】

追い返す。遠ざける。試合や勝負で
負かして引き下がらせる。意見や申
し出などを断る。

例 敵を**斥**ける。部外者を**斥**ける。大差
をつけて**斥**けた。要求を**斥**ける。

【却ける】

追い返す。遠ざける。試合や勝負で
負かして引き下がらせる。意見や申
し出などを断る。

例 敵を**却**ける。部外者を**却**ける。大差
をつけて**却**けた。要求を**却**ける。

一般的には「**退**」を使う。「後ろに動か
す」という意味以外では、「**斥**」や「**却**」
を使うことができる。意見や申し出に
ついては、「**斥**」を使うと強く拒否する
ニュアンスを、「**却**」を使うと完全に
拒否するニュアンスを出すことがで
きる。

じりつ

【自立】

ほかからの助けを受けずに自分でや
ること。寄りかからずに自分で立つ
こと。類 独立

例 経済的に**自立**する。**自立**した生活。
自立する収納ケース。

【自律】

自分で決めた規則に従うこと。対 他
律

例 **自律**運動。**自律**型ロボット。**自律**型
組織。キャリア**自律**。

「**自立**」は「**自分**で**立**つこと」、「**自律**」は
「**自分**を**律**する(=自身が決めたルール
に従う)こと」のように、漢字の意味を
考えると使い分けに迷わない。なお、
30歳のことを「**而立**」という。

しりょう

【資料】

何かをするのに役立つ材料。類データ

例資料を集める。**資料**を作成する。**資料室**。

【史料】

歴史を知るのに必要な材料。

例新しい**史料**が発見された。**史料**として重要な碑文。戦国時代の**史料**。

「**史料**」には、文献のほか、遺物や遺跡、伝承、絵画、映像なども含まれる。

しる

【知る】

物事を理解する、感じ取る、覚えている。物事を経験する、関わりをもつ。その技能をもつ。

例一を聞いて十を**知る**。ニュースを見て事件について**知った**。**知らない**うちに好きになる。戦争を**知らない**。**知っている**人。囲碁を**知っている**。

【識▽る】

深く理解する。

例人間について深く**識る**。よく**識っている**先輩。サッカーの戦術をよく**識っている**。

一般的には「**知**」を使う。「**識**」を使うと、

より深く理解しているというニュアンスを表すことができる。「自分でもそれと意識しないうちにいつの間にかそうなっている」を「知らず知らず」というが、もともとは「知らず識らず」と書いた。最近では「知らず知らず」「知らず識らず」どちらも使う。

しるし

【印】

目印、標識。象徴、証拠。気持ちを表すもの。

例忘れないように**印**をつける。一時停止の**印**。これが嘘ぇをついている**印**だ。ハトは平和の**印**だ。記念の**印**。お礼の**印**。

【標▽】

目印、標識。

例一時停止の**標**。緑の屋根が**標**だ。**標**としてリボンをつける。

【徴▽】

兆し。類前兆・兆候

例景気が回復する**徴**。明日、雨が降る**徴**だ。よい**徴**。

【験▽】

効き目。類霊験

例祈りが叶ぇられる**験**。薬が効いてきた**験**。

一般的には「**印**」を使う。何かの証拠が前兆として現れる場合には「**徴**」を、

物事を知らせるための目印・標識の意味の場合は「標」を、効き目が現れた証拠を表す場合には「験」を使うことができる。

しるす

【記す】

書く、書きつける。しっかり記憶に留める。類記述する・記する
例名前を記す。手帳に記す。記号で記しなさい。心に記す。

【印▽す】

印をつける。目に見える形として残す。類刻む
例マークを印す。足跡を印す。第一歩を印す。

文字や文章で書く場合と記憶に留める場合は「記」を使い、マークをつけたり、痕跡を残したりする場合は「印」を使う。書く場合に「記」を使うが、特に、経緯や由来などを説明した文書を書く場合には「誌」を使うことがある。また、本の前書きなどを書く場合などは「誌」を使うことがある。

しれい

【司令】

ある組織を指揮すること、また、その人。
例最高司令官。司令部。チームの司令塔。

【指令】

上の者が下の者に対して命令や指図をすること、また、その命令や指図。
例指令を出す。指令を発する。指令に従う。指令書。

「司令」が出す命令や指図が「指令」にあたる。また、法律で、官庁の通知や命令を「指令」ということがある。

しんか

【進化】

よい方向に進んでいくこと。生物の体が長い年月をかけて変化すること。類進歩 対退化
例技術が進化する。進化の過程。進化論。

【深化】

程度が深まること。
例思想の深化。対立が深化する。内容を深化させる。

「深化」は、「経済危機の…」「問題はどんどん…している」「悲惨な現状をこれ以上…させない」など、悪い状況がさらに悪くなるという文脈では「深刻化」と言い換えられる。

しんき

【新規】

それまでのものとは別に新しくする

こと。

例**新規**に始める。**新規**採用。**新規**上
場。

【新奇】

目新しくて珍しい。

例**新奇**を好む。**新奇**を追う。**新奇**に乏
しい。**新奇**な技。

初めからやり直すことを「**新規**まき直
し」というが、これはもともと、あら
ためて種をまく意があるため「蒔き直
し」を使う。「巻き直し」ではないので注
意。

【心情】

心の中の思い、気持ち。

例**心情**を察する。**心情**的には理解でき
る。**心情**を表現する。純粋な**心情**。

【真情】

嘘偽りのない本当の心。真心。

例**真情**を吐露する。**真情**を訴える。**真
情**のこもった言葉。

「しんじょうの吐露」は「**真情**」が使わ
れ、表された気持ちが偽りのない本
心・心の底の思いであるということ
が特に強調される。

【侵食】

だんだん食い込んで侵していくこと。
水や風などが地表を削ること。

例他国の領土を**侵食**する。マーケット
が**侵食**される。川の**侵食**作用。

【浸食】

水や風などの自然現象で地表が削ら
れること。

例川の**浸食**作用。風雨に**浸食**される。

「自然現象で地表が削られる」という
意味では、「**侵食**」も「**浸食**」も使える
が、学術的には「**侵食**」を使う。

【伸長】

長さ・高さ・能力・業績などが伸び
ること。

例**伸長**式のテーブル。学力**伸長**度。茎
の**伸長**。**伸長**を続ける。

【伸張】

伸びて広がること。類拡張 対圧縮

例勢力が急激に**伸張**した。販売網を**伸
張**する。データファイルを**伸張**する。

「**伸長**」は長さや力が単に「伸びる」こ
とを意味するのに対し、「**伸張**」は物
事の勢力や規模などが「伸び広がる」
ことを意味する。

しんてん

【進展】

新しい局面になること。
例 事態が**進展**する。技術の**進展**に寄与する。議論に**進展**が見られた。

【伸展】

勢力・能力や筋肉が伸びること。
例 経済力が**伸展**する。事業の**伸展**。筋肉を**伸展**させる。

「**進展**」は事態が進み新たな段階に進んでゆくことや、進んだ結果としての進歩や発展などに重点がある。一方、「**伸展**」は勢力などが伸び広がってゆくことに重点がある。

しんにゅう

【進入】

進んで来て、ある場所に入ること。
例 列車がホームに**進入**する。車両の**進入禁止**。**進入**路。

【侵入】

入ってはいけない所に無理に入ること。
例 敵国に**侵入**する。泥棒の**侵入**を防ぐ。不法**侵入**。家宅**侵入**。細菌が**侵入**する。

【浸入】

水などが入りこむこと。
例 壁から雨水が**浸入**する。汚水の**浸入**を防ぐ。

部首を見ると使い分けしやすい。「**進**」は「道を行く」意味のしんにょう。「**侵**」は人の行動を表す人偏にん。「**浸**」は水や川、液体に関わるさんずい。

しんりょく

【新緑】

若葉の明るい鮮やかな緑色、また、その木。
例 **新緑**の候。**新緑**の香に包まれる。武蔵野の**新緑**。

【深緑】

濃い緑色、ふかみどり。
例 **深緑**の葉。**深緑**のカーテン。

「**新緑**」は初夏(5月頃)の初々しい若葉のつややかな緑をいう。一方、「**深緑**」は青みと黒みの強い濃い緑をいい、常緑樹の葉などの濃い緑色の形容に使われる。

す

すいしょう

【推奨】

よいと思う物や人、事柄を人に勧めること。
例 新製品を**推奨**する。**推奨**銘柄。先生ご**推奨**の品。

【推賞】

人に向かって褒めること。

例 推賞に値する。審査員が推賞した作品。絶品だと推賞される。

「推奨」は勧めることに重点があり、「推賞」は褒めることに重点がある。「推賞」の意味で「推称」が使われることがある。

すく

【透く】

中や向こう側が見えてしまう。

例 透きとおった水。透け感のあるシャツ。見え透いた嘘。

【空く】

中に入っていたものがなくなったり少なくなったりして、隙間ができる。暇になる。

例 お腹が空く。電車が空いている。胸が空く。手が空く。

【梳く】

髪の毛をくしでとかす。髪の毛の量を減らす。

例 髪を梳く。ボリュームが気になるので少し梳いてください。

【漉く】

薄く伸ばして、紙・海苔・食べ物などを作る。

例 手漉きの和紙。海苔を漉く作業。

【鋤゛く】

土を掘り返して耕す。

例 畑を鋤く。トラクターで田んぼを鋤く。

紙を「すく」ことを表すのに「抄」が使われることがあったが、現在ではほとんど使われない。「薄く切る、そぐ」という意味で、「魚の身を剝く」のように「剝」が使われることもある。

すくない

【少ない】

数や量がわずかである、小さい。

例 人通りが少ない。言葉数が少ない。リスクが少ない。塩を少なめにする。

【寡゛い】

基準より数や量がわずかである、小さい。

例 人通りが寡ない。言葉数が寡ない。年が寡い。

一般的には「少」を使う。「寡」を使うと、想定している数や量よりすくない、いつもはたくさんあるはずのものがすくないといったニュアンスになる。ほとんどないくらい「すくない」場合に「尠」が使われることもある。

すぐれる

【優れる】

能力や性能、価値などが高い。
(「優れない」の形で)状態がよくな
い。

例優れた才能。優れたリーダー。理解
力に優れる。気分が優れない。

【勝れる】

ほかのものより能力や性能、価値な
どが高い。(「勝れない」の形で)状
態がよくない。

例防御力が勝れている。勝れた戦略。
気分が勝れない。

💡 一般的には「優」を使う。何かと比較
してすぐれていることを表す場合は
「勝」を使うことができる。「状態がよく
ない」という意味で「すぐれない」を使
う場合には、かな書きされることが
多い。

すすぐ

【濯ぐ】

石鹸や汚れなどを水で洗い落と
す。類ゆすぐ

例洗濯ものを濯ぐ。体を濯ぐ。泥を濯
ぐ。濯ぎ洗い。

【雪ぐ】

不名誉や恥を取り除く、はらす。類
雪辱する・そそぐ

例汚名を雪ぐ。恥を雪ぐ。

【漱ぐ】

口の中をさっぱりさせる、うがいす
る。類ゆすぐ

例口を漱ぐ。

💡 一般的には「濯」を使う。恥や不名誉
については「雪」、うがいすることを表
すときは「漱」を使うこともできる。

すすめる

【進める】

前や先に動かす。物事を進行させ
る。対遅らせる

例駒を前へ進める。時計を進める。交
渉を進める。議事を進める。

【勧める】

そうするように働きかける。使用し
たり飲食したりするように促す。類
勧誘

例読書を勧める。辞任を勧める。見晴
らしのいいコースを勧める。お酒を
勧める。先生の勧めで就職する。入
会を勧める。転地を勧める。

【薦める】

よいと思う物や人、ことがらを人に
推薦する。

例候補として薦める。役に立つ本を薦
める。お薦めのスポットを尋ねる。
お薦めの銘柄を尋ねる。

【奨▽める】

そうするように働きかける。使用したり飲食したりするように促す。類奨励

例笑顔で挨拶をすることを奨める。資産運用を奨める。地産地消を奨める。

▽「勧」と「薦」の使い分けについては、読書などの「行為」をするように働きかけたり、促したりする場合は「勧」を使い、候補者や良書といった特定の人や物がそれにふさわしい、望ましいとして推薦する場合は「薦」を使う。「勧」と「奨」は同じような意味で使われるが、「奨」には、上の立場の人が励ます(奨励する)というニュアンスが含まれることもある。

すてる

【捨てる】

不要なものを放り出したり置き去りにしたりする。関係を絶つ。大切なものを投げ出す。類放置する

例ごみを捨てる。車を乗り捨てる。故郷を捨てる。命を捨てる。希望を捨てる。

【棄▽てる】

不要なものを放り出したり置き去りにしたりする。関係を絶つ。大切なものを投げ出す。類廃棄する・破棄する・放棄する

例破り棄てる。命を棄てる。家族を棄てる。地位を棄てる。

▽一般的には「捨」を使う。「棄」を使うと、排除する意味をより強めることができる。「捨て台詞」「捨て身」などの慣用表現には「捨」を使う。

すなわち

【即▽ち】

言いかえれば、つまり。すぐにそうなる、そのままそうなる。

例江戸即ち現在の東京。食べること即ち生きること。信じれば即ち救われる。ひとたび事件が起きれば、即ち世間を揺るがす。

【則▽ち】

そうすれば、そうしたら(当然そうなる)。

例災害が起きれば、則ち大きな被害が出る。よく眠りよく食べる、則ち疲れは回復する。

【乃▽ち】

そこで、そして。

例感極まりて、乃ち涙を流す。1人で黙りこみ、乃ちそっと外へ出て行った。

▽一般的には「即」を使う。前の事柄と次の事柄が同じ場合には「即」を、前の事柄が行われた(当然の)結果としてそうなる場合には「則」を、前の事

柄を受けて、後の事柄に繋げる場合は**「乃」**を使う。

すます・すむ

【澄ます・澄む】

透き通った状態になる。(声や音が)きれいに響く。余計な考えがなくなる。

例 耳を**澄**ます。心を**澄**ます。**澄**ました顔。**澄**まし汁。**澄**んだ水。**澄**んだ音色。

【清ゞます・清ゞむ】

透き通った状態になる。(声や音が)きれいに響く。余計な考えがなくなる。

例 耳を**清**ます。心を**清**ます。**清**まし汁。**清**んだ水。**清**んだ音色。

ⓘ 一般的には**「澄」**を使う。「清らか」であることを強調したいときは**「清」**を使ってもよい。「すまし汁」は一般的に**「澄」**を使うが、**「清」**が使われることもある。

すむ

【住む】

場所を決めてそこで生活する。類 居住する

例 一戸建てに**住**む。海外に**住**む。**住**み慣れた家。**住**む世界が違う。**住**めば都。

【棲ゞむ】

動物が、場所を決めたり巣を作ったりして生活する。類 生息する

例 池に**棲**む生きもの。**棲**み分け。水清ければ魚**棲**まず。

ⓘ 一般的には、人間に対して**「住」**、人間以外のものに対しては**「棲」**を使う。ただし、人間であっても生物として記述する場合や社会と切り離された生活のことを言う場合には**「棲」**を使うことができ、動物であっても擬人化する場合には**「住」**を使うことができる。また、**「棲」**は**「栖」**と書くこともある。

する

【刷る】

印刷する。(版画などで)こすって模様を出す。

例 名刺を**刷**る。新聞を**刷**る。版画を**刷**る。社名を**刷**り込む。**刷**り物。

【擦る】

こする。すっかりなくす。類 摩擦

例 マッチを**擦**る。**擦**り傷。洋服が**擦**り切れる。全財産を**擦**る。転んで膝を**擦**りむく。

【磨ゞる】

磨くようにこする。類 研磨

例 墨を**磨**る。**磨**りガラス。靴が**磨**り減る。

【擂る】

こすって細かく砕く。

例 ゴマを擂る。擂り鉢。

【摺る】

表面に沿って動かす。（版画などで）こすって模様を出す。こすって細かく砕く。磨くようにこする。

例 ゴマを摺る。墨を摺る。版画を摺る。摺り鉢。摺り足。

【摩る】

表面に沿って動かす。こする。

例 マッチを摩る。転んで膝を摩りむく。

【掏る】

人が身につけている金品を気づかれないように盗み取る。

例 財布を掏られる。

> 「墨をする」は、「磨」を使う場合、墨の表面を磨くように少しずつ減らすニュアンスが、「摺」を使う場合、墨の表面を前後に繰り返し動かすニュアンスを表すことができる。「版画をする」は「摺」を使うと、手作業で印刷するニュアンスが強調できる。

【座る】

腰を下ろす。ある位置や地位に就く。

例 椅子に座る。畳に座る。上座に座る。社長のポストに座る。

【据わる】

安定する。動かない状態になる。

例 赤ん坊の首が据わる。目が据わる。腹の据わった人物。

【坐る】

腰を下ろす。ある位置や地位に就く。

例 椅子に坐る。畳に坐る。上座に坐る。社長のポストに坐る。

> 「座」の代わりに「坐」が使われることもある。これは、かつて「座」がすわる「場所」、「坐」がすわる「動作」と書き分けていた名残である。

せ

【生育】

植物が育つこと。

例 稲の生育。作物の生育。苗が生育する。

【成育】

人や動物が育つこと。

例 わが子の成育を見守る。稚魚の成育。

> 「生育」も「成育」も育つことだが、「生育」は「生む／生まれる」ことも強調でき、「成育」は「成長する」ことも強調

できる。「**成育**」は人や動物がじゅうぶんに育って一人前になることに使うことがある。

せいかく

【正確】

正しくて確かなこと(様子)。

例 **正確**な時刻。**正確**な発音。**正確**を期する。**正確**に記録する。

【精確】

詳しくて確かなこと(様子)。

例 **精確**な調査。**精確**な知識。**精確**に分析する。**精確**に記録する。

「**精確**」は間違いなどがほとんどなく、より「**正確**であること」を強調する場合にも使われる。

せいき

【生気】

生き生きとして元気な様子。類 活気

例 **生気**にあふれる。**生気**を回復する。**生気**がない。

【精気】

万物を生み出すもとになると考えられている力。人間の生命力・活動力の源。類 魂

例 万物の**精気**。**精気**があふれる。**精気**を吸い取られる。

「**生気**」は人や草木から感じられる生命感で、深刻な疲労やストレスによって失われることがある。一方、「**精気**」は生命の根源となるもので、民話などには精気を吸い取る妖怪が存在する。

せいけい

【成形】

形を作ること。

例 陶器の**成形**。胸郭**成形**術。プラスチックの射出**成形**。

【成型】

型を使って作ること。

例 合成樹脂の**成型**。**成型**加工。

【整形】

ものの形や機能を整えること。

例 **整形**外科。**整形**手術。

サイコロステーキなどは肉を加工した「**せいけい**肉」と呼ばれ、意味からいえば「**成形**肉」だが、「**成型**肉」のほうが多く使われている。また、ハンバーグを手作りした場合、焼く前の工程には「**成型**」ではなく「**成形**」のほうが使われる場合が多い。

せいこん

【精根】

何かをやろうとする精力と根気。

例 **精根**が尽きる。**精根**不足。

【精魂】

魂、精神。
例 **精魂**を傾ける。不屈の**精魂**。

▼
「**精根**」は、「**精根**を使い果たす」「**精根**が尽き（果て）る」など、「途中で尽きる」文脈で使われることが多い。一方、事に打ち込む精神力の意味の「**精魂**」は、「**精魂**を傾ける」「**精魂**を込める」「**精魂**を注ぐ」など、「それを何かにつぎ込む」文脈で使われることが多い。

せいさく

【制作】

芸術作品や番組などを作ること。
例 作品の**制作**に没頭する。絵画の**制作**。バラエティ番組の**制作**スタッフ。

【製作】

道具や機械を使って品物や器具を作ること。類 製造
例 家具を**製作**する。精密機器を**製作**する。映画**製作**。

▼
映画については、業界の慣習として、シナリオ・撮影・音楽など、芸術作品としての工程を「**制作**」、セットの設営や衣装に関わる業務や配給・宣伝などの過程は「**製作**」が使われている。なお、映画などを実際に「つくる」会社を「**制作**会社」、「制作」するために出資したりプロデュースしたりする会社を「**製作**会社」という。

せいさん

【清算】

貸し借りをきれいにすること。これまでの関係を終わりにすること。
例 借金の**清算**。**清算**会社。恋愛関係を**清算**する。過去の**清算**。

【精算】

詳しい差し引きの計算をすること。
対 概算
例 運賃の**精算**。費用を**精算**する。後日**精算**窓口。

【成算】

成功する見込み。類 勝算
例 **成算**がある。**成算**が立たない事業。

▼
「**精算**」をすることで料金などの不足分を支払ったり過払い分を戻してもらったりする。借金していた場合、「**精算**」に基づいてお金の「**清算**」をすることになる。なお、「**成算**」は「成算する」と動詞として使えない。

せいちょう

【成長】

人間や動物が育って大きくなること。
例 子供が**成長**する。**成長**が早い。

【生長】

植物が育って大きくなること。

例苗の**生長**。草木がすくすく**生長**する。根の先端部の**生長**点。

「**成長**」は「経済成長」「成長産業」などのように、人や動物以外のものについても使われる。

せいちょう

【清聴】

ほかの人が「聞く」ことの尊敬語。類高聴

例ご**清聴**ありがとうございました。

【静聴】

静かに聞くこと。

例ご**静聴**願います。演説を**静聴**している人々。

「**清聴**」は尊敬語で講演会などの最後に言う感謝の言葉として使われる。一方、「**静聴**」は尊敬語ではないため、聴衆などへ向けて使う場合には「ご静聴」と尊敬語の形にする。

せいひ

【正否】

正しいか、正しくないか。

例**正否**を明らかにする。事の**正否**をわきまえる。

【成否】

成功するか、成功しないか。

例**成否**をかえりみない。**成否**の鍵を握る。**成否**の分かれ目。結果の**成否**は問わない。

「事のせいひ」「施策のせいひ」など、「**正否**」「**成否**」どちらも使える場合がある。「事の**正否**」といえば「正しいことなのかどうか」、「事の**成否**」といえば「そのことがうまくいくかどうか」、という意味になる。

せっせい

【節制】

欲を抑え、限度を超えないように控えめにすること。類節度・控える

例**節制**を保つ。賭けごとを**節制**する。**節制**した食事。人をうらやむ気持ちを**節制**する。

【摂生】

食べたいものやしたいことを抑えて、健康を保つこと。類養生

例**摂生**を心がける。病後の**摂生**。不**摂生**。

「**節制**」は欲を抑えることに重点があり、健康に関係ないことがらにも使われる。一方、「**摂生**」は健康を保つことに重点がある。

せめる

【攻める】

相手を打ち負かそうとする。積極的に働きかける。攻撃する。対防ぐ・

守る

例 敵の陣地を一気に**攻**める。質問**攻**め
にする。**攻**めのメイク。積極的に**攻**
め込む。兵糧**攻**めにする。

【責める】

落ち度や過ちを指摘して咎める。
厳しく催促する。非難する。苦しめ
る。[類]なじる

例 過失を**責**める。自らを繰り返し**責**め
る。借金を返せと**責**められる。拷問
で**責**められる。無責任な言動を**責**め
る。

> 「**攻**め落とす」は攻撃して相手の城や
> 陣地を自分のものにすること、「**責**め
> 落とす」は相手を言葉で追いつめるな
> ど苦痛を与えて無理やり自分の意に
> 従わせることをいう。

せんか

【戦火】

戦争の火の手、戦争による被害。戦
争、いくさ。

例 **戦火**に見舞われる。町を**戦火**から守
る。**戦火**が広がる。**戦火**を交える。

【戦果】

戦闘や競技の成果。

例 輝かしい**戦果**をあげる。**戦果**を収め
る。

【戦渦】

戦争によって起こる混乱。

例 **戦渦**に巻き込まれる。

【戦禍】

戦争による被害。

例 **戦禍**をまぬかれる。**戦禍**を被る。**戦**
禍を逃れる。

> 「**戦火**」は、火災や実際の戦闘のイ
> メージを帯びた表現。「**戦果**」の「**果**」に
> は、結果や結末という意味がある。
> 「**戦渦**」の「**渦**」は、ここでは「うず」のよ
> うに入り乱れている状態を指す。「**禍**」
> は「わざわい」の意味があるため、「**戦**
> **禍**」は戦争がもたらす災いや被害をい
> う。

せんさく

【詮索】

詳しく尋ねたり調べたりすること。
臆測すること。

例 原因を**詮索**する。事実を**詮索**する。
詮索好き。

【穿鑿】

穴を穿つ。詳しく調べたり、根ほり
葉ほり尋ねたりすること。むやみに
臆測すること。

例 人のことを**穿鑿**する。**穿鑿**好き。**穿**
鑿がましい。

> 「**穿鑿**」は常用漢字表にない漢字から
> 成る語のため、「**穿鑿**」の意味であっ
> ても「**詮索**」が使われることが多い。
> もともと「**詮索**」には、「細かい点まで

尋ねたり知ろうとしたりする。臆測する」という意味はなかった。

【前進】

前のほうへ進むこと。物事が今までより良くなること。類進歩 対後進・後退

例研究が一歩**前進**した。夢に向かって**前進**する。**前進**回答。

【漸進】

少しずつ進むこと。対急進

例目標に向かって**漸進**する。**漸進**的な改革。

「**前進**」は進むことでより良くなるニュアンスが強調でき、「**漸進**」は順を追って進むニュアンスが強調できる。

【専有】

1人で持っていること。類独占 対共有

例マンションの**専有**部分。**専有**する土地。**専有**面積。

【占有】

あるものを自分だけのものとして持ったり支配したりすること。

例他人の**占有**する物。**占有**権。不法**占有**。

「**専有**」は「共有」に対して特定の1人だけが「所有」することに重点がある。「**占有**」は自分(自身)が「所有」することに重点がある。

【専用】

その人だけが使うこと。そればかりに使う、そればかりを使うこと。対共用・兼用・汎用

例自分**専用**の机。会員**専用**。女性**専用**車両。自動車**専用**道路。洗顔**専用**の石鹸。

【占用】

特定の人だけが使うこと。

例道路を**占用**して工事をする。**占用**料。

「**占用**」は工事などのため道路など公共のものを、独占してある期間使うことをいい、「**専用**」より使う物や期間が限られる。

そ

【沿う】

長く続いているものや決まりなどから離れないようにする。希望や考え、方針などに合う。類則どる・並行する

例川**沿**いの家。線路に**沿**って歩く。決

定された方針に沿って行動する。希望に沿う。

【添う・添える】

そばを離れずにいる。夫婦になる。希望や考え、方針などに合う。主となるもののそばに置く。付け加える。

例 連れ添う。母に寄り添って歩く。病人の付き添い。仲睦まじく添い遂げる。決定された方針に添って行動する。希望に添う。花束に手紙を添える。口を添える。書き添える。

【副う・副える】

希望や考え、方針などに合う。そばを離れずにいる。主となるもののそばに置く。付け加える。

例 決定された方針に副う。希望に副う。影の形に副うように離れない。花束に手紙を副える。言葉を副える。手を副える。

💡 「沿う」「添う」には、どちらも「その近くから離れない、合う」という共通の意味があるため、方針や考え、希望などに「そう」という場合には、「沿」「添」のどちらも使うことができる。「副」は「添」と同じように使われるが、「副」を使うと「ぴったり一致する」というニュアンスが強調できる。

そうかい

【爽快】

さわやかで気持ちがいいこと(様子)。

類 すがすがしい

例 爽快な朝。爽快な風。気分爽快。爽快感。

【壮快】

元気盛んで気持ちがいいこと(様子)。

例 壮快なスポーツ。壮快な投げ技。壮快なエンジン音。

「爽快」は、視覚や嗅覚などの情報から感じる気持ち良さをいう場合が多い。一方、「壮」には強い、体が丈夫だという意味があるため、「壮快」は、特に運動や身体感覚に関わる気持ち良さをいう。

そうかつ

【総括】

個々のものを1つにまとめること。締めくくること。

例 意見を総括する。情報を総括する。総括部長。

【総轄】

全体を取りまとめること。

例 事務を総轄する。経理部を総轄する。総轄責任者。

💡 「総括」は、バラバラだったものを1つにまとめることに重点があり、「総轄」は、ある全体を支配することに重点があるが、現在ではほぼ同じ意味で使われ、おもに「総括」が使われる。

【造形】

芸術作品としてのかたちを作ること。
例自然の**造形**美。**造形**作家。**造形**芸術。

【造型】

模範やモデルを真似したり当てはめたりして、芸術作品としてのかたちを作ること。鋳型を作ること。
例**造型**機。特殊**造型**。

【造詣】

学問や芸術に関する知識や経験。
例民族音楽に**造詣**が深い。現代美術についての**造詣**がある。

💡 実際には「**造形**」と「**造型**」は、あまり区別なく使われている。「**造形**」は目に見えるかたちを作るニュアンスが、「**造型**」は枠にするかたちを作るニュアンスがある。

【争乱】

争い乱れること。
例**争乱**の時代。**争乱**の世。

【騒乱】

騒ぎ乱れること。
例国中で**騒乱**が起こる。**騒乱**罪。

💡 「**争乱**」は戦争や内乱によって世の中が乱れることをいい、「**騒乱**」は事件や事変などによって世の中が乱れることをいう。

【訴求】

人々に訴えかけて購買意欲をわかせること。良さを訴えること。類アピール
例**訴求**力が高い。20代を対象に**訴求**する商品。**訴求**ポイント。**訴求**効果。

【遡及】

過去にさかのぼって効力をもつこと。
例3月まで**遡及**して適用する。**遡及**性。法の不**遡及**。

💡 「**訴求**」は宣伝や広告などで商品販売のため働きかける場面で使う。「**遡及**」は「**溯及**」と書かれることもある。「**遡及**」を「さっきゅう」と読むこともあるが本来誤りである。

【削゙ぐ】

勢いを減らす。薄く切る。先端や突起を斜めに切って落とす。
例気勢を**削**ぐ。意欲が**削**がれる。皮を**削**ぐ。木のこぶを**削**ぐ。

【殺゙ぐ】

勢いを減らす。

例 気勢を殺ぐ。意欲が殺がれる。

一般的には「削」を使う。「勢いを弱める」の場合に「殺」を使うと意味がはっきりする。「殺」という字の意味がよくないことから、かな書きされることもある。

そくする

【即する】

状況にうまく合う、密着する。
例 時代に即したアイディア。現実に即した考え。TPOに即した服装をする。

【則する】

のっとる、基準となるものに従う。
例 法に則して判断する。ルールに則して行動する。

「則」の基準となるものは、理論・規則・方針・手本などである。したがって、「状況に則して考える」とは使えない。

そくだん

【即断】

その場ですぐに判断すること。類 即決
例 即断を下す。即断できない。即断即決。

【速断】

素早く判断すること、早まって判断

すること。類 速決
例 速断を求める。速断を誡める。速断を避ける。

「即断」も「速断」も短い時間で判断するという意味では同じであり、一般的には「即断」が使われる。ただし、「即断」を使うと「その場ですぐ」というニュアンスが強調でき、「速断」を使うと「素早い」というニュアンスが強調できる。加えて、「速断」には急いだためにのちのち「間違った判断や決断」だったという意味も含めることができる。

そそぐ

【注ぐ】

水が流れ込む、液体を流し込む。液体をかける。雨などが降りかかる。つぎ込む、傾ける。
例 川が海に注ぐ。器にお湯を注ぐ。火に油を注ぐ。降り注ぐ。全力を注ぐ。視線を注ぐ。

【雪▽ぐ】

不名誉や恥を取り除く、はらす。類 すすぐ・雪辱する
例 汚名を雪ぐ。恥を雪ぐ。

【濯▽ぐ】

石鹸（せっけん）や汚れなどを水で洗い落とす。類 ゆすぐ
例 洗濯ものを濯ぐ。体を濯ぐ。泥を濯ぐ。濯ぎ洗い。

【灌ぐ】

水が流れ込む、液体を流し込む。液体をかける。

例田に水を灌ぐ。墓石に水を灌ぐ。

💡「注」の代わりに「灌」が使われることもある。「雪ぐ」「濯ぐ」は「すすぐ」とも読む。「灌」は汚れなどを水で洗い除くことから「雪」と同じ意味で使われることもある。

そっけつ

【即決】

その場ですぐに決めること。類即断

例面談のうえ即決。速戦即決。即決裁判。

【速決】

素早く決めること、早まって決めること。類速断

例速決を求める。速決を避ける。

💡「即決」も「速決」も短い時間で判断するという意味では同じであり、報道などでは「即決」が使われる。「速決」は、急ぐあまり誤って決めてしまうという意味で使われることもある。

そっこう

【即行】

すぐ行うこと。

例計画を即行する。即行を期す。

【即効】

薬などの効き目がすぐに表れること。

例即効性がある。即効薬。

【速攻】

素早く攻撃すること。対遅攻

例速攻をしかける。速攻力。速攻が得意な選手。

【速効】

使うとすぐに効果が表れること。対遅効

例速効肥料。速効性の麻酔薬。

💡「即効」はおもに薬に関して一般的に使われ、「速効」は専門用語・学術用語として使われている。「速攻」は、「宿題を速攻で済ます」のように「素早く何かをすること」の意味で俗に使われることがある。

そなえる・そなわる

【備える・備わる】

あることが起こってもよいように前もって用意しておく。機能や要素、才能や性質がある。

例筆記用具を備えておく。台風に備える。老後の備え。備えあれば患いなし。機能性を備える。才能を備えている。消火器が備わった部屋。防犯カメラが備わった施設。

【供える】

神仏などの前に物をささげる。類た
むける

例お神酒を供える。霊前に花を供え
る。鏡餅を供える。お供え物。

【具える・具わる】

あることが起こってもよいように前
もって用意してある。機能や要素、
才能や性質がある。類具備

例筆記用具を具える。機能性を具え
る。才能を具えている。消火器が具
わった部屋。防犯カメラが具わった
施設。

💡一般的には「備」が使われる。「備」は準
備するというニュアンスが、「具」は
前もって持ち合わせているというニュ
アンスがある。

そば

【側】

ある物や人のすぐ近く、わき。何か
をした、すぐあと。

例駅の側。側に座る。ずっと側にいて
ほしい。聞いた側から忘れる。

【傍】

ある物や人のすぐ近く、わき。何か
をした、すぐあと。

例駅の傍。傍に座る。ずっと傍にいて
ほしい。聞いた傍から忘れる。

「側」も「傍」も同じように使われる。「何
かをした、すぐあと」という意味で「…
する(した)そばから」の形を使うが、
かなで書くことが多い。

そらす・そる・それる

【反らす・反る】

体を後ろのほうへ弓の形に曲げる。
例胸を反らす。反った板。指が反る。

【逸らす・逸れる】

わきへ向ける。わきへ外れる。目的
からはずれてほかへ行く。対当たる

例話を逸らす。視線を逸らす。ボール
を後ろに逸らす。コースから逸れる。
脇道へ逸れる。

💡「反」は「反れる」、「逸」は「逸る」と使
わないので注意。「逸れる」は「外れ
る」と似た意味で使われるが、「人の
道に外れる」を「人の道に逸れる」とは
使わない。

た

たいけい

【大系】

ある分野の著作物を集めてまとめた
もの。類シリーズ
例世界文学**大系**。化学**大系**。

【体系】

一定の考え方でまとめた全体。類シ
ステム
例学問の**体系**。**体系**的知識。**体系**づけ
る。**体系**立てる。**体系**的。

💡 「**大系**」は、書名やシリーズ名に使わ
れることが多い。

たいけい

【体形】

体の形。類フォーム
例**体形**が崩れる。**体形**を維持する。均
整のとれた**体形**。**体形**を気にする。

【体型】

体格を外見で分類した型。類タイプ
例**体型**に合わせる。標準**体型**。やせ型
の**体型**。

💡 「**体型**」は「**体形**」を肥満型や痩せ型な
どグループ分けや分類した種類の1つ
である。たとえば、筋肉を鍛えること
で目に見えて体の形、つまり「**体形**」
が変化する。変化した結果、「**体形**」

が逆三角形型などの「**体型**」にカテゴ
ライズされる。

たいしょう

【対象】

活動の向けられる先や目標になるも
の。
例恋愛**対象**。調査の**対象**。批判の**対象**
になる。子供を**対象**としたアプリ。

【対照】

照らし合わせること。類コントラス
ト・対比・比較
例原文と**対照**する。比較**対照**。鮮やか
な**対照**を見せる。白と黒が**対照**的だ。

【対称】

2つの図形が、直線や1点を軸に向
き合う位置にあること。類シンメト
リー 対非対称
例左右**対称**。線**対称**。点**対称**。

💡 「**対照**」は名詞のほか、動詞として「**対
照**する」のように使われるが、「**対象**」
「**対称**」は名詞としてのみ使われるた
め「**対称**する」「**対象**する」という言い
方はしない。

たいせい

【体制】

全体的な仕組み。権力を握っている
勢力のこと。類システム
例資本主義**体制**。管理**体制**を整える。

反体制。体制側の人間。

【態勢】

準備が整って、そのことができる身構えや状態。

例受け入れ態勢を整える。着陸態勢。臨戦態勢。

【体勢】

体の構え。類 姿勢

例体勢を立て直す。体勢を崩される。

【大勢】

物事の全体的な状況や成り行き。類 趨勢・大局

例大勢に従う。大勢が決する。大勢は我々に有利だ。

💡「体制」はある国家や組織の中での「システム」というニュアンスが、「態勢」はある物事に対しての「ポーズ」というニュアンスがある。「大勢」を「たいぜい」と読むと「集まった多くの人数」という意味になるので注意。

たいひ

【退避】

危険を避けるために、ある場所から退くこと。

例校庭に退避する。退避訓練。退避命令。

【待避】

列車などが通りすぎるのを、避けて待つこと。

例急行列車を待避する。待避線路。トンネルの待避所。

💡一般的には「退避」を使う。「待避」はおもに交通に関して使われる。

たえる

【耐える】

苦しいことや外部の圧力などをこらえる。

例重圧に耐える。苦痛に耐える。高温に耐える。風雪に耐える。猛暑に耐える。困苦欠乏に耐える。

【堪える】

その能力や価値がある。その感情を抑える。

例任に堪える。批判に堪える学説。鑑賞に堪えない。見るに堪えない作品。憂慮に堪えない。遺憾に堪えない。

💡「堪」は「…に堪えない」の形で「…することができない。…(という気持ちが強くなって)我慢できない」という意味がある。「耐えない」とするのは誤り。

たく

【炊く】

米などの穀物を煮て飯を作る。

例米を炊く。ご飯がおいしく炊ける。

【焚く】

薪や炭などに火をつけて燃やす。香に火をつけてくゆらす。フラッシュやストロボを光らせる。

例 ストーブを**焚**く。**焚**き火。お香を**焚**く。ストロボを**焚**いて撮影する。

関西では「大根を**炊**く」のように「**炊**」を「煮る」の意味でも使う。「風呂を沸かす」という意味の「風呂をたく」は「**焚**」を使う。「火をつけて香をくゆらす」という意味で「**薫**」や「**炷**」が使われることもある。

たくわえる

【蓄える】

お金や物を将来に備えてためておく。能力や知識を増やしておく。髭や髪の毛を生やす。

例 食糧を**蓄**える。ダムに水を**蓄**える。知識を**蓄**える。髭を**蓄**える。

【貯える】

お金や物を将来に備えてためておく。

例 留学資金を**貯**える。財産を**貯**える。

一般的には「**蓄**」を使う。「**貯**」には「積み上げる」という意味があるため「**貯**」を使うと「のちのちのために(意識して)とっておく」というニュアンスが強調される。

たすける

【助ける】

危険な状態から逃れさせる、救う。困っている人に手を貸したり支えたりする。力を添える。手伝う。

例 命を**助**ける。被災者を**助**ける。資金面で**助**ける。仕事を**助**ける。**助**け起こす。消化を**助**ける。

【扶ける】

困っている人に手を貸したり支えたりする。力を添える。手伝う。類扶助

例 被災者を**扶**ける。資金面で**扶**ける。仕事を**扶**ける。**扶**け起こす。

【援ける】

困っている人に手を貸したり支えたりする。力を添える。手伝う。類援助

例 被災者を**援**ける。資金面で**援**ける。仕事を**援**ける。

【輔ける】

力を添える。手伝う。

例 仕事を**輔**ける。主君を**輔**けるのが私の務めだ。

一般的には「**助**」を使う。支えとなる場合には「**扶**」、困っている人を苦しい状態から救い出す場合には「**援**」を使うこともできる。「**輔**」を使うと「補佐する」というニュアンスが強調でき、「**左**」と書くこともある。「すくう」とい

うニュアンスで「**救**」を使うこともある。

たずねる

【尋ねる】

わからないことを人に質問する、捜し求める。調べる。類問う

例道を**尋**ねる。研究者に**尋**ねる。失踪した友人を**尋**ねる。**尋**ね人。由来を**尋**ねる。安否を**尋**ねる。

【訪ねる】

目的をもって、ある場所や人のところへ行く。類訪ずれる

例知人を**訪**ねる。史跡を**訪**ねる。古都を**訪**ねる旅。教え子が**訪**ねてくる。

▼ 「尋」の代わりに「問いただす」という意味で「訊」を使うこともできる。「温故知新（ふるきをたずねてあたらしきをしる）」の「温」には「復習する・おさらいする」という意味がある。

たたかう

【戦う】

武力や知力などを使って争う。勝ち負けや優劣を競う。

例敵と**戦**う。選挙で**戦**う。優勝を懸けて**戦**う。意見を**戦**わせる。

【闘う】

困難や障害などに打ち勝とうとする。類闘争する

例病気と**闘**う。貧苦と**闘**う。寒さと**闘**う。自分との**闘**い。誘惑との**闘**い。賃上げのために**闘**う。労使の**闘**い。

▼ 一般的には「戦」を使う。「闘」は特にプロレスなど取っ組み合って争ったり競ったりすることに使われる。また、争う相手が目に見えないものの場合には「闘」を使う。

ただす

【正す】

正しくする。

例誤りを**正**す。姿勢を**正**す。襟を**正**す。罪を**正**す。

【質▽す】

質問して確かめる。

例疑問点を**質**す。考えを**質**す。真偽を**質**す。

【糺▽す】

真相を調べる。類糾弾・糾明

例罪を**糺**す。是非を**糺**す。元を**糺**せば。

【糾▽す】

真相を調べる。類糾弾・糾明

例罪を**糾**す。是非を**糾**す。元を**糾**せば。

▼ 「質」「糺」「糾」はかな書きされることが多い。「糺」も「糾」も「厳しく問い調べる」というニュアンスある。

たつ

【断つ】

つながっていたものを切り離す。やめる。

例 退路を**断**つ。国交を**断**つ。関係を**断**つ。快刀乱麻を**断**つ。酒を**断**つ。

【絶つ】

続くはずのものを途中で切る。途絶える。

例 縁を**絶**つ。命を**絶**つ。消息を**絶**つ。交際を**絶**つ。最後の望みが**絶**たれる。交通事故が後を**絶**たない。

【裁つ】

布や紙をある寸法に合わせて切る。

例 生地を**裁**つ。着物を**裁**つ。紙を**裁**つ。**裁**ちばさみ。

💡「国交をたつ」や「関係をたつ」は、「つながっていたものを切り離す」という意味で「断」を使うが、「続くはずのものを途中で切る」という視点から捉えて「絶」を使うこともできる。「裁」と同じ意味で「截」を使うこともある。

たつ

【発▽つ】

出発する、出かける。

例 空港を**発**つ。明日の朝、5時に**発**つ。ドバイへ**発**つ。

【経▽つ】

時が過ぎる。

例 時間が**経**つ。3年**経**つ。月日が**経**つ。

💡「発」の代わりに「立」を使ってもよい。

たつ・たてる

【立つ・立てる】

直立する。ある状況や立場に身を置く。離れる。成立する。扉を閉める。

例 演壇に**立**つ。鳥肌が**立**つ。優位に**立**つ。岐路に**立**つ。使者に**立**つ。席を**立**つ。見通しが**立**つ。評判が**立**つ。棒を**立**てる。計画を**立**てる。手柄を**立**てる。相手の顔を**立**てる。戸を**立**てる。

【建つ・建てる】

建物や国などを造る。類 建設する

例 家が**建**つ。ビルを**建**てる。銅像を**建**てる。一戸**建**ての家。国を**建**てる。都を**建**てる。

💡「立」はさまざまな意味で使われるが、「ビルが**立**つ」という場合、「ビルが真っすぐ上を向いた状態」をいい、「ビルが**建**つ」のように「ビルが造られる」という意味はない。

たっけん

【卓見】

卓越して優れた考えや見識。

例**卓見**に富んだ発言。**卓見**の持ち主。

【達見】

広いところまで見通した優れた考えや見識。

例**達見**に富んだ発言。**達見**の持ち主。

ニュアンスに違いがあるが、「**卓見**」も「**達見**」も同じように使われる。「卓」には「すぐれる」、「達」には「およぶ」という意味がある。

たっとい・たっとぶ
　　　　　　　→とうとい・とうとぶ

たてる　　　　　　→たつ・たてる

たとえ・たとえる

【例え・例える】

説明をわかりやすくするための具体的な例や話。例を挙げる。

例**例え**を引く。**例え**話。プレゼントには、**例え**ばアクセサリーはどうでしょうか。花を雪に**例え**る。

【喩˅え・喩˅える】

説明をわかりやすくするための具体的な例や話。類なぞらえる・比喩・見立てる

例**喩え**話。人生を川に**喩え**る。**喩え**ていうと…。

【譬˅え・譬˅える】

説明をわかりやすくするための具体的な例や話。類なぞらえる・比喩・見立てる

例**譬え**話。人生を川に**譬え**る。**譬え**ていうと…。

「人気のあるスポーツといえば、**例え**ば野球やサッカーだ」のように、わかりやすくするために具体例を挙げる場合には「**例**」を使う。「喩」も「譬」も「それに似ているという別の物事を挙げる」ニュアンスがある。「**例**」「**喩**」「**譬**」ともに、かな書きされることも多い。

たのしい・たのしみ・たのしむ

【楽しい・楽しみ・楽しむ】

心がうきうきするような気分になる。また、そのように感じるような物事。

例**楽しい**お正月。子供の将来が**楽しみ**だ。スポーツを**楽しむ**。人生を**楽しむ**。

【愉˅しい・愉˅しみ・愉˅しむ】

心がうきうきするような気分になる。また、そのように感じるような物事。

例**愉しい**お正月。子供の将来が**愉しみ**だ。スポーツを**愉しむ**。人生を**愉しむ**。

一般的には「**楽**」を使う。愉快であることを強調するときは「**愉**」を使うこともできる。「**娯**」を使うと、「娯楽」としてたのしんでいることを表すことができる。

たま

【玉】

円形や球体のもの。真珠や真珠のように丸くて美しくて小さいもの。宝石。

例運動会の**玉**入れ。シャボン**玉**。**玉**砂利。**玉**を磨く。**玉**に瑕ぅ。善**玉**悪**玉**。

【球】

球技に使うボール。電球。

例速い**球**を投げる。決め**球**を持っている。ピンポン**球**。電球の**球**。

【弾】

鉄砲や大砲の「たま」。類弾丸

例拳銃の**弾**。大砲に**弾**を込める。流れ**弾**に当たって大けがをする。

【珠▽】

真珠や真珠のように丸くて美しくて小さいもの。そろばんの「たま」。

例掌中の**珠**。**珠**のような露。そろばんの**珠**をはじく。

一般的には「**玉**」を使う。「**球**」は、「球形」であることを強調したい場合に使うことができる。「丸くて美しい宝石」の意味で「**璧**」を使うことがある。「たましい」という意味で「**魂**」「**霊**」「**魄**」が使われることもあるが、やや古風。

たまご

【卵】

鳥・魚・虫などの孵化ぶする前の、丸い形のもの。鶏の「たまご」。まだじゅうぶんに発達していないもの。修業中の見習いの人。

例カエルが**卵**を産む。**卵**を買う。溶き**卵**。台風の**卵**。医者の**卵**。

【玉子】

食材としての「たまご」や調理した「たまご」。

例**玉子**を買う。**玉子**料理。**玉子**豆腐。

「**玉子**」は、おもに鶏のたまごを表す。食材としての鶏卵は、生の状態のものを「**卵**」、調理されたものを「**玉子**」と使い分けることがある。

たまる・ためる

【溜▽まる・溜▽める】

液体や物を集めて増やす。

例仕事が**溜**まる。ごみが**溜**まる。水溜まり。目に涙を**溜**める。食糧を**溜**める。

【貯▽まる・貯▽める】

お金など貴重なもの・大事なものを集めて増やす。

例ポイントが**貯**まる。小遣いを**貯**める。水を**貯**める。食糧を**貯**める。

【矯める】

曲がっているものや正しくないものを、曲げたり曲がっているものを真っすぐにしたりして直す。じっと見る。類矯正する

例枝を矯める。悪い癖を矯める。矯めつ眇めつ。

💡「溜」と「貯」は同じような意味で使われるが、「貯」はお金など貴重なものや大事なものに限定して使い、一般的には「溜」を使う。「耐えられない。我慢できない」などの意味で「たまらない」と使う場合には「堪らない」と「堪」を使う。「矯」は「撓」と書かれることもある。

【試し】

試すこと。

例試しにやってみよう。ものは試し。お試し。試し算。

【例゛し】

これまでの先例や実例。習わし。

例あのチームには負けた例しがない。年の始めの例しとて。

💡「試」は「験」と書かれることもある。「例し」は「例ため」と「し」を送らないこともある。「例」は「様」と書かれることもあり、「例」も「様」もかな書きされることが多い。

【他面】

別の面。別の面から見ると。類他方

例他面から見ると。他面から考えてみる。

【多面】

多くの方面。多くの平面。類多方面

例多面にわたる活躍。多面的に検討する。多面体。

💡「他面」は「彼は厳しいが、他面、優しいところもある」のように副詞的に使うこともできる。

【探求】

探し求めて、手に入れようとすること。

例平和を探求する。幸福の探求。

【探究】

本質や深い意味を探って、究めること。

例原因を探究する。真理の探究。探究心が旺盛だ。

💡高等学校では「総合的な探究の時間」というカリキュラムがあり、変化の激しい社会に対応して、探究的な見方・考え方を働かせ、横断的・総合的な学習を行うことを通して、より良

く課題を解決し、自己の生き方を考えていくための資質・能力を育成することを目標にしている。

たんせい
【端正】

姿・形や動作などが整っていること。
例端正で品のある字。端正な顔立ち。端正な服装。立ち姿がとても端正だ。

【端整】

顔立ちなどが整っていること。
例端整な顔立ち。端整な目鼻立ち。

ⓥ「端正」は、容貌を含め、さまざまなものに対して使えるのに対し、「端整」は、おもに人の容貌に限定して使われる。

ち

ちゅうしゅう
【中秋】

陰暦8月15日のこと。陰暦で秋の半ば。
例中秋の名月。中秋の候。

【仲秋】

陰暦で秋の半ば。
例仲秋の候。

ⓥ本来、「中秋」は「陰暦8月15日のこと」

だが、「陰暦で秋の半ば」の意味でも使われる。陰暦8月15日の夜に見える月を「中秋の名月」といい、月見をする。ただし、陽暦だと毎年日付が変わることもあり、必ずしも満月ではない。陰暦では、7月・8月・9月の3か月が秋だが、「仲秋（中秋）」はその真ん中の8月のことをいう。陽暦では、9月8日ごろから10月7日ごろまでの期間になる。

ちょうしゅう
【徴収】

出すことに決まっているお金を集めること。類取り立てる
例会費を徴収する。授業料を徴収する。税の徴収。

【徴集】

人や物を強制的に集めること。
例物資を徴集する。馬の徴集。兵を徴集する。

ⓥ「徴」には「取り立てる」という意味がある。「源泉徴収」は国が所得税を「取り立てる」方法の1つ。「徴集兵」は国民が強制的に「取り立てられ」てなる兵士で、国民の自由意志に基づき構成される「志願兵」と対比される。

ちょうせい
【調整】

物事がよい状態になるように整える

こと。類調節

例意見を**調整**する。機械の**調整**。微**調整**。**調整**役。コンディションを**調整**する。

【調製】

食品・薬品・服などを作ること。

例靴を**調製**する。特別**調製**品。**調製**日時。

▽「成分無**調整**牛乳」は、牛乳の製造工程で成分を調整していないものをいい、「整」の字を使う。「**調製**粉乳」とは、赤ちゃんが育つのに必要な、各種栄養成分を配合し、母乳に近づけた粉ミルクのことをいい、「製」の字を使う。

ちょっかん

【直感】

ぴんとくること、頭にひらめくこと。類勘

例**直感**で答える。何かあると**直感**した。**直感**が働く。**直感**が当たる。

【直観】

（おもに哲学で）論理的な考えに対して、直接に本質を捉えること。ぴんとくること、頭にひらめくこと。類直覚 対論理

例真理を**直観**する。**直観**力。**直観**教授。

▽日常的には「**直感**」を使うことが多い。

「**直観**」は哲学用語として使われる。なお、視覚や聴覚などの五感を超えてものを直感する感覚を「第六感」という。

ちんせい

【沈静】

落ち着いて静かになること。類終息

例ブームが**沈静**化する。景気が**沈静**する。**沈静**した空気。

【鎮静】

鎮めて落ち着かせること。

例神経を**鎮静**させる。**鎮静**剤。暴動を**鎮静**する。

▽「**沈静**」は、物事が自然に落ち着くことをいい、「**鎮静**」は、意図的に落ち着かせることをいう。「**鎮静**剤」は、神経に働きかけ興奮した状態をしずめるためのものである。

つ

ついきゅう

【追求】

追い求めて、手に入れようとすること。類探求・探索

例理想の美を**追求**する。利潤の**追求**。幸福の**追求**。飽くなき**追求**。

【追究】

物事を究めて、明らかにしようとす

ること。類考究・探究

例学問を**追究**する。宇宙の真理を**追究**する。本質の**追究**。

【追及】

責任や理由・原因などを問い詰めること。

例犯人を**追及**する。責任**追及**。**追及**の手を緩める。

漢字の意味を考えると使い分けに迷わない。「**追求**」は「追い求める」、「**追究**」は「追いかけるようにしてどこまでも研究する」の意味になる。「**及**」には「およぶ・追いつく」という意味があり、そこから「**追及**」は「追い詰める、問い詰める」の意味になる。

つかう
【使う】

人や物などを用いる。

例通勤に車を**使**う。電力を**使**う。機械を**使**って仕事をする。予算を**使**う。道具を**使**う。人間関係に神経を**使**う。頭を**使**う。人**使**いが荒い。大金を**使**う。体力を**使**う仕事。心を**使**う。気を**使**う。

【遣う】

じゅうぶんに働かせる。

例気を**遣**う。心を**遣**う。安否を気**遣**う。息**遣**いが荒い。心**遣**い。言葉**遣**い。筆**遣**い。かな**遣**い。人形**遣**い。上目**遣**い。無駄**遣**い。金**遣**い。小**遣**い

銭。

一般的には「**使**」を使う。心の働きや金銭、技などに関して「じゅうぶんに働かせる」というニュアンスを出すときは「**遣**」を使うことができる。ただし、「**遣**」を「気を遣う」「心を遣う」のような動詞の形で使うことは少なく、ほとんど「…遣い」と名詞の形で使われる。

つかさどる
【司▽る】

責任をもってその仕事を行う、管理する。

例国を**司**る。行政を**司**る。祭祀（さいし）を**司**る。芸術を**司**る神。

【掌▽る】

役目としてその仕事を行う、その働きをする。

例会計業務を**掌**る。消化を**掌**る器官。

責任者として行う場合は「**司**」を使い、実務を行う場合は「**掌**」を使うが、実際はあまり区別せずに使われており、どちらもかな書きされて使われることが多い。

つかまえる・つかまる
【捕まえる・捕まる】

逃げないように取り押さえる。類とらえる

例 犯人を捕まえる。虫を捕まえる。獲
物を捕まえる。敵に捕まる。

【摑゛まえる・摑゛まる】

手で握るなどしてはなさない。

例 子供の手を摑まえる。シャツの裾を
摑まえる。首根っこを摑まえる。タ
クシーを摑まえる。手すりに摑まる。

【捉゛まえる・捉゛まる】

手で握るなどしてはなさない。

例 子供の手を捉まえる。シャツの裾を
捉まえる。首根っこを捉まえる。タ
クシーを捉まえる。手すりに捉まる。

▼ 「捕」「摑」「捉」いずれも（逃げないよ
う）はなさないことだが、「捕」には「そ
こにいる人や動物をとらえる」という
ニュアンス、「摑」には「しっかりと強
く持つ」というニュアンス、「捉」には
「手で持って、はなさない」というニュ
アンスがある。

つかる・つける

【漬かる・漬ける】

液体などに入れる。漬物を作る。

例 風呂に漬かる。家が水に漬かる。ナ
スがよく漬かっている。洗濯ものを
水に漬ける。ぬか漬けを漬ける。

【浸゛かる・浸゛ける】

液体などに入れる。

例 風呂に浸かる。家が水に浸かる。洗
濯ものを水に浸ける。

▼ 「漬物をつける」という意味では「漬」
を使う。それ以外は、どちらを使っ
てもよい。

つく・つける

【付く・付ける】

ぴったり付着する。あるものにある
ものが加わる。意識などを働かせる。

例 墨が顔に付く。足跡が付く。利息が
付く。味方に付く。目に付く。知識
を身に付ける。名前を付ける。条件
を付ける。付け加える。気を付ける。

【着く・着ける】

移動してある場所まで達する。ある
場所を占める。着る。類到着する・
届く

例 手紙が着く。東京に着く。席に着く。
船を岸に着ける。車を正面玄関に着
ける。衣服を身に着ける。知識を身
に着ける。

【就く・就ける】

仕事や役職、ある状況などに身を置
く。対辞する

例 職に就く。床とに就く。緒に就く。帰
路に就く。眠りに就く。重要な役に
就ける。

【点゛く・点゛ける】

あかりがともる。電気器具のスイッ
チが入る。火を移して燃やす。類点
火する・点灯する

例電灯が**点**く。窓にあかりが**点**く。テレビを**点**ける。タバコを**点**ける。聖火を**点**ける。

💡 一般的には「**付**」を使う。「知識を身につける」は、「付着する」という意味で「**付**」を使うが、「知識を「着る」という比喩的な視点から捉えて、「**着**」を使うこともできる。「あるものにあるものが加わる」という意味で「**附**」を使うこともある。「あとにしたがう」の意味で「**随**」を使うこともある。帝位や王位に「つく」(=即位する)場合は、「**就**」の代わりに「**即**」を使うこともできる。

つく

【突く】

細長い物の先で、強く押す。ある部分を攻撃する。強く刺激する。床や地面に当てる。

例槍で**突**く。針で**突**く。羽根を**突**く。背後を**突**く。要点を**突**く。悪臭が鼻を**突**く。杖を**突**く。手を**突**いて謝る。

【衝▽く】

強く押す。ある部分を攻撃する。強く刺激する。

例意気が天を**衝**く。口を**衝**いて出る。話の核心を**衝**くひと言。弱点を**衝**く。悪臭が鼻を**衝**く。

【吐▽く】

口から息などを出す。口に出して言う。

例ため息を**吐**く。嘘を**吐**く。悪態を**吐**く。

【搗▽く】

臼の中にもち米などを入れて、杵で強く当てる。杵のようなもので、強く打つ。

例餅を**搗**く。五分**搗**き。土を**搗**き固める。

【撞▽く】

鐘などを打ち鳴らす。ビリヤードをする。

例鐘を**撞**く。玉を**撞**く。

【憑▽く】

霊などが乗り移る。

例キツネが**憑**く。**憑**きものが落ちる。

💡 一般的には「**突**」を使い、「突」以外はかな書きされることも多い。「**衝**」「**撞**」は「**突**」と書かれることもある。「**突**」は、具体的なものから抽象的なものまで「つく」ことができるのに対して、「**衝**」は抽象的なものを「つく」ことができる。「**吐**」「**搗**」「**撞**」「**憑**」は、いずれも限定された意味にだけ使われる。「**搗**」は「**舂**」と書かれることもある。「判子を押す」という意味で「**捺**」が使われることもある。

【次ぐ】

すぐあとに続く。順位などがすぐあ
とである。

例成功に**次ぐ**成功。事件が相**次**ぐ。首
相に**次ぐ**実力者。富士山に**次**いで高
い山。**次**の日。

【継ぐ】

あとを受けて続ける。あとから加え
る。類足す

例跡を**継ぐ**。引き**継ぐ**。布を**継ぐ**。言
葉を**継ぐ**。**継**ぎ目。**継**ぎを当てる。
家元を**継ぐ**。

【接ぐ】

つなぎ合わせる。

例骨を**接ぐ**。新しいパイプを**接ぐ**。**接**
ぎ木。

【注▽ぐ】

飲み物を器に注ぎ入れる。類さす・
そそぐ

例酒を**注ぐ**。コップに**注ぐ**。

> 順位などがすぐあとの場合は「**次**」の
> 代わりに「**亜**」と書くこともある。前の
> 者のあとを受けて、仕事や地位、そ
> の精神などを引き継ぐ場合は、「**継**」
> の代わりに「**嗣**」を使うことができる。

【作る】

こしらえる。

例米を**作る**。規則を**作る**。新記録を**作**
る。計画を**作る**。詩を**作る**。笑顔を
作る。会社を**作る**。機会を**作る**。組
織を**作る**。新しい文化を**作る**。画期
的な商品を**作り**出す。

【造る】

大きなものをこしらえる。醸造する。
さしみにする。類製造する

例船を**造る**。庭園を**造る**。宅地を**造る**。
道路を**造る**。数寄屋**造**りの家。酒を
造る。鯉を洗いに**造る**。

【創る】

独創性のあるものを生み出す。類創
作する・創造する

例新しい文化を**創る**。画期的な商品を
創り出す。

> 一般的には「**作**」を使う。「**作**」の代わり
> に「**創**」を使うと、事柄の独創性を明
> 確に表すことができる。

| つける | →つかる・つける |
| つける | →つく・つける |

つつしむ

【慎む】

控え目にする。

例身を**慎む**。酒を**慎む**。言葉を**慎む**。

【謹む】

かしこまる。

例謹んで承る。謹んで祝意を表する。謹んでお詫び申し上げます。

「謹」は「謹んで…する」の形で相手へ敬意を表し、手紙や挨拶で使われることがほとんど。

つとまる・つとめ・つとめる

【勤まる・勤め・勤める】

給料をもらって仕事をする。仏事を行う。類勤務する

例この仕事は私には勤まらない。勤め人。本堂でお勤めをする。会社に勤める。銀行に勤める。永年勤め上げた人。法事を勤める。

【務まる・務め・務める】

役目や任務を果たす。

例主役が務まるかどうか不安だ。君には会長は務まらない。親の務めを果たす。議長を務める。

【努める】

力を尽くす。努力する。類尽力する・努力する

例完成に努める。解決に努める。努めて早起きする。

【勉▽める】

力を尽くす。努力する。類尽力する・努力する

例完成に勉める。解決に勉める。勉めて早起きする。

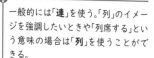

「努力して、できるだけ」という意味で「つとめて…する」という場合には、「努めて」のほか「勉めて」と書くこともできる。「勉」を使うと、特に労力が必要な努力をするというニュアンスがある。

つらなる・つらねる

【連なる・連ねる】

たくさん並んで、ひとつながりになる。集まりや組織、系統に加わる。

例山が連なる。将軍家に連なる家。末席に連なる。軒を連ねる。バスを連ねる。

【列▽なる・列▽ねる】

列をつくる。集まりに列席する。

例大勢の人が列なっている。バスを列ねる。式に席を列ねる。

一般的には「連」を使う。「列」のイメージを強調したいときや「列席する」という意味の場合は「列」を使うことができる。

つる

【釣る】

釣り針で魚をひっかけてとる。

例 魚を釣る。海釣り。釣り船。大物を釣る。食べ物で釣る。

【吊る】

物に掛けて下げる。相撲で、相手のまわしに手を掛けて持ち上げる。

例 ハンモックを吊る。首を吊る。棚を吊る。吊り手。吊り出し。目が吊り上がる。

【攣る】

ものの一方が引っ張られたように偏る。筋肉がひきつる。

例 糸が攣る。目が攣る。足が攣る。

▼「釣」は人や動物をえさや好物で誘う場合にも使う。「吊」は一方から他方へ渡したものからぶら下げるニュアンスがある。「攣」は「痙」とも書くが、「攣」も「痙」も、かな書きすることが多い。

て

ていけい

【定形】

一定の形。

例 定形を保つ。定形郵便。

【定型】

一定の型。

例 定型どおり。定型詩。定型文。

▼「定形郵便物」とは、郵送する物のサイズと重さが決められた範囲内であるものをいう。「定型詩」とは、たとえば俳句や短歌、漢詩の絶句や律詩などをいう。

ていじ

【提示】

差し出して見せること。問題となる物事を、取り上げて示すこと。

例 身分証を提示する。証拠を提示する。条件を提示する。論点を提示する。

【呈示】

その場で見せること。

例 身分証を呈示する。免許証を呈示する。手形を呈示する。

▼一般的には「提示」を使う。「呈示」は、おもに身分証や証券などを見せる場合に使われるが、「呈示」の代わりに「提示」を使うこともできる。法令では「提示」が使われる。

てきかく

【的確】

的を外さず、確かな様子。

例 的確に判断する。的確な訳語。的確な指導。

【適確】

適切で、確かな様子。

例 任務を**適確**に遂行する。**適確**な処置を講ずる。

【適格】

法律・規則に定めた資格に当てはまること(様子)。対 欠格・失格・非適格・不適格

例 **適格**請求書。裁判官として**適格**だ。**適格**検査。教師として**適格**な人。

> 「**的確**」と「**適確**」は、ほぼ同じ意味として使われているが、一般的には「**的確**」を使う。報道などでは「**的確**」が使われ、法律では「**適格**」が使われている。「**的確**」「**適確**」「**適格**」は「てっかく」とも読む。

てきせい

【適正】

適当で正しいこと(様子)。

例 **適正**な価格。**適正**に配置する。**適正**な規模。**適正**な処置。**適正**体重。**適正**年収。

【適性】

適した性質や能力。

例 **適性**のある人。**適性**検査。

> 「**適正**」は、形容動詞として「**適正**な」のように使われるのに対して、「**適性**」は名詞としてだけ使われ、「**適性**

な」という言い方はしない。「…をもつ」「…を調べる」のように、ある／なしを問題にする文脈なら「**適性**」を使う。

てまえ

【手前】

自分の前、また、自分に近いほう。他人に対する体裁。

例 **手前**に引く。1つ**手前**のバス停。世間の**手前**。人様の**手前**。言った**手前**やるしかない。

【点▽前】

茶道で、お茶を点てるときの作法。
類 たてまえ

例 お**点前**を拝見する。結構なお**点前**。男**点前**と女**点前**。

> 茶道では、薄茶や濃茶を点てる場合には「**点前**」が、炉や風炉に炭を継いで火をおこす場合に「**手前**」が使われることがある。

てんか

【転化】

ほかの状態に変わること。

例 量が質に**転化**する。糖分がブドウ糖に**転化**する。プラスに**転化**する。**転化**率。

【転嫁】

責任や罪を、ほかに負わせること。
類 なすりつける

例責任を**転嫁**する。消費税を価格に**転嫁**する。

💡「転嫁」の「嫁」には、「よめ・とつぐ」だけではなく「責任や罪などをほかにおしつける」という意味がある。「嫁」と形の似た「稼」(かせぐ)と書き誤らないよう注意。

【電気】

光や熱を出したり、物を動かしたりするのに使われるエネルギーの1つ。電灯。電力。

例**電気**が流れる。**電気**自動車。**電気**を消す。**電気**代が上がる。

【電器】

電力で動かす、おもに一般家庭用の器具類。類電気器具

例家庭**電器**。**電器**店。**電器**メーカー。

【電機】

電力で動かす機械。類電気機械

例**電機**工業。重**電機**と軽**電機**。

💡「電機」は大きめの機械に対して使われる。「電気機関車」のことを略して「電機」ということもある。

【伝記】

個人の一生を記録したもの。類一代記

例ジョン・レノンの**伝記**。**伝記**を編む。**伝記**文学。**伝記**映画。

【伝奇】

現実には起こりそうもない、珍しくて不思議な物語。

例**伝奇**小説。**伝奇**として語られる。**伝奇**的。

💡「伝記」は文学の1区分であるが、「伝奇」はフィクションの1ジャンル。たとえば公共図書館で一般的に行われている図書分類法では、「歴史」の中に「伝記」という区分があるが、「伝奇」は分類名としては存在しない。

【添付】

添えること。メールにファイルを添えること。

例請求書に領収証を**添付**する。必要な資料を**添付**する。画像ファイルを**添付**する。

【貼付】

貼り付けること。

例封筒に切手を**貼付**する。履歴書に写真を**貼付**する。領収証の**貼付**。湿布を**貼付**する。

💡「貼付」は、もともとは「ちょうふ」と読む。「貼付」は、のりやピン・テープなどで紙や布などに、しっかり貼り付

けることをいう。

と

とうかつ

【統括】

部分に分かれているものや、バラバラになっているものを1つにまとめること。

例さまざまな意見を**統括**する。**統括**部長。

【統轄】

複数の組織や人を1つにまとめて管轄すること。

例**統轄**機関。内閣の**統轄**。本社が**統轄**する。

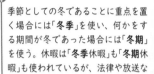
「**統括**」は1つにまとめることに重点があり、「**統轄**」は、ある全体(特に組織)を支配することに重点があるが、現在ではほぼ同じ意味で使われ、おもに「**統括**」が使われる。「**統括**」と似た意味に「総括」があるが、「今年1年を総括する」のような、みんなで反省するという意味は「統括」にはないので注意。

とうき

【冬季】

季節としての冬。

例**冬季**休暇。**冬季**オリンピック。**冬季**スキー大会。**冬季**の食べ物。

【冬期】

冬の間、冬の期間。

例**冬期**休暇。**冬期**講習。**冬期**研修。

季節としての冬であることに重点を置く場合には「**冬季**」を使い、何かをする期間が冬であった場合には「**冬期**」を使う。休暇は「**冬季**休暇」も「**冬期**休暇」も使われているが、法律や放送などでは「**冬季**」が使われている。

どうけい

【同形】

形が同じこと。

例**同形**の石器。**同形**の結晶。**同形**の車両。神人**同形**説。

【同型】

型や種類が同じこと。

例**同型**の器具。左右**同型**の靴。**同型**の犯罪。

【同系】

系統や系列が同じこと。 対異系

例**同系**の会社。**同系**に属する。**同系**色。

相手と同じく、自分もとても喜ばしいという気持ちを表す言葉に「**同慶**」がある。「ご**同慶**の至り」の形で、あらたまった場面で使われ、相手のめでたいことを祝っていう。

とうさい

【搭載】

飛行機・船・貨車などに荷物を積み込むこと。電子機器に部品や機能を装備すること。 類積載・積み込み

例救援物資を**搭載**する。ミサイルを**搭載**した戦闘機。AI**搭載**家電。ドライブレコーダー**搭載**。

【登載】

印刷したり書いたりして、載せること。 類記載・掲載

例名簿に**登載**する。台帳に**登載**する。写真を**登載**する。

> 「登」には「記載する」という意味があり、「**登載**」のほか「登記」「登録」で使われる。「**搭載**」と似た意味に「積載」があるが、「**搭載**」は乗り物に何を積むかに重点が、「積載」は積んだあとの乗り物の重さや荷物の量などに重点があるというニュアンスを表せる。

どうし

【同士】

同じ仲間。同じ種類の人やもの。

例友人**同士**。**同士**討ち。好きな者**同士**で集まる。

【同志】

同じ考えや志をもつ人。

例**同志**を募る。**同志**の人々。**同志**会。

> 「**同士**」は「**同士**討ち」以外はかな書きされることが多い。「**同志**」とは違い、「**同士**」は「近所**同士**」「人間**同士**」のように名詞の下に付いて使われる。

とうとい・とうとぶ

【尊い・尊ぶ】

尊厳があり、敬うべきである。

例**尊い**神。**尊い**犠牲を払う。神仏を**尊**ぶ。祖先を**尊**ぶ。

【貴い・貴ぶ】

価値がある、貴重である。

例**貴い**資料。**貴い**体験。和をもって**貴**しとなす。時間を**貴**ぶ。

> 「**尊い・尊ぶ**」「**貴い・貴ぶ**」は「たっとい」「たっとぶ」とも読むことができ、「とうとい」「とうとぶ」の転である。「たっとい」「たっとぶ」と読むと、ややあらたまった表現になる。「**尊**」は、近年、アイドルなど「魅力があって大切に感じられる」場合にも使われるようになった。

とうりょう

【棟梁】

国や集団の指導的立場にある人物。職人、特に大工の親方。

例腕のいい**棟梁**。大工の**棟梁**。武士の**棟梁**。

【頭領】

集団のかしら、おさ、頭目。

例海賊の**頭領**。急進派の**頭領**。門閥の**頭領**。

「棟梁」には、家を建てる際に最も重要な部分である屋根の「むね(棟)」と「はり(梁)」の意味がある。そこから、国や集団を支える重要な人という意味を表すようになった。

とかす・とく・とける

【解かす・解く・解ける】

固まっていたものが緩む。答えを出す。元の状態に戻る。櫛を使って毛の乱れを整える。

例相手の警戒心を**解**かす。髪の毛を**解**かす。結び目を**解**く。包囲を**解**く。会長の任を**解**く。紐が**解**ける。雪**解**け。問題が**解**ける。緊張が**解**ける。誤解が**解**ける。雪や氷が**解**ける。

【溶かす・溶く・溶ける】

液状にする。固形物などを液体に入れて混ぜる。一体となる。

例絵の具を**溶**かす。鉄を**溶**かす。小麦粉を水で**溶**く。雪や氷が**溶**ける。チョコレートが**溶**ける。砂糖が水に**溶**ける。地域社会に**溶**け込む。

【融゙かす・融゙く・融゙ける】

液状にする。固形物などを液体に入れて混ぜる。類融解する

例鉄を**融**かす。絵の具を**融**く。雪や氷が**融**ける。

【梳゙かす・梳゙く】

櫛を使って毛の乱れを整える。

例頭を**梳**かす。髪の毛を**梳**く。

「雪がとける」や「氷がとける」は、「液状になる」という意味で「溶」を使うが、「固まっていた雪や氷が緩む」と捉えて「解」を使うこともできる。「雪解け」はこのような捉え方で「雪解け」と書く。温度を上げて固体を液体にする場合は「融」を、金属や石を「とかす」場合は「熔」「鎔」を使うこともできる。

とし

【年】

1年、1年間。年齢。月日。

例新しい**年**。生まれ**年**。**年**はいくつ？**年**上。**年**をとる。**年**を経る。**年**月。**年**が明ける。**年**の瀬。

【歳゙】

年齢。月日。

例**歳**をとる。**歳**を重ねる。**歳**を経る。**歳**の数だけ豆を食べる。

一般的には「**年**」を使う。年齢を表すときや、月日が過ぎ去ったり積み重なったりすることを強調したい場合は、「**歳**」を使うことができる。

とじる

【閉じる】

開いていたものがふさがる、ふさぐ。終わりになる、終わりにする。

例 まぶたを**閉**じる。幕を**閉**じる。店を**閉**じる。ファイルを**閉**じる。

【綴じる】

重ね合わせたものの端をとめる。溶き卵をかけて、肉や野菜などの具をまとめる。類綴る

例 資料を**綴**じる。表紙をつけて**綴**じる。ホウレンソ草の卵**綴**じ。

「**閉**」は開いていた物事を物理的にしめたりやめたりする場合に使う。「**綴**」は縫ってあったものや、バラバラになったものをひとつにまとめる場合に使う。

ととのう・ととのえる

【整う・整える】

乱れたところや不十分なところがない状態になる。対乱れる

例 体制が**整**う。**整**った文章。隊列を**整**える。身辺を**整**える。呼吸を**整**える。準備を**整**える。

【調う・調える】

必要なものがそろう。望ましい状態にする。相談などをまとめる。類そろえる・調達する

例 家財道具が**調**う。協議が**調**う。旅行の支度を**調**える。費用を**調**える。味を**調**える。縁談を**調**える。

「髪の毛を**整**える」というと、寝ぐせなどで乱れた髪を、通常の状態に戻すというニュアンスが、「髪の毛を**調**える」というと、トリートメントをしたり毛先をすいたりして、より良い状態にするというニュアンスがある。

となえる

【唱える】

人より先だって言いはじめる。主張する。声に出したり、節を付けたりして読む。大きな声で叫ぶ。

例 新説を**唱**える。反対を**唱**える。念仏を**唱**える。万歳を**唱**える。

【称える】

名付けて呼ぶ、…と名を言う。

例 自らを救世主と**称**える。

「**称**」には「名乗る」「呼び名」など名前に関する意味があり、「愛称」「自称」「敬称」などの言葉がある。「呪文をとなえる」は、かな書きか「**唱**」が使われることが多い。

とぶ

【飛ぶ】

空中を移動する。速く移動する。広まる。順序どおりでなく先に進む。

例 鳥が空を**飛**ぶ。海に**飛**び込む。アメリカに**飛**ぶ。家を**飛**び出す。デマが**飛**ぶ。噂(うわさ)が**飛**ぶ。途中を**飛**ばして読む。**飛**び級。**飛**び石。

【跳ぶ】

地面を蹴って高く上がる。

例 溝を**跳**ぶ。三段**跳**び。**跳**び上がって喜ぶ。**跳**びはねる。うれしくて**跳**び回る。縄**跳**びをする。**跳**び箱。

▽ 一般的には「飛」を使い、高くとび上がるときは「跳」を使う。自由に「とび回る」ときや、力強く羽ばたく場合には「翔」を使うこともできる。「跳」は、常用漢字表に「とぶ」と「はねる」の2つの訓があるので、「跳び跳ねる」と書くことができるが、読みやすさを考えて「跳びはねる」と書くことが多い。

とまる・とめる

【止まる・止める】

動きがなくなる。

例 交通が**止**まる。水道が**止**まる。小鳥が木の枝に**止**まる。笑いが**止**まらない。**止**まり木。息を**止**める。車を**止**める。通行**止**め。

【留まる・留める】

固定される。感覚に残る。とどめる。

例 小鳥が木の枝に**留**まる。目に**留**まる。ピンで**留**める。ボタンを**留**める。心に**留**める。**留**め置く。局**留**めで送る。

【泊まる・泊める】

宿泊する。停泊する。

例 宿直室に**泊**まる。ホテルに**泊**まる。船が港に**泊**まる。友達を家に**泊**める。

【停▽まる・停▽める】

動きがなくなる。

例 急に電車が**停**まる。電気が**停**まる。車を安全な場所に**停**める。エンジンを**停**める。

▽ 一般的には「止」を使う。「小鳥が木の枝にとまる」は、小鳥が飛ぶのをやめて「木の枝に静止する(動きがなくなる)」という意味で「止」を使うが、「木の枝にとどまっている(固定される)」という視点から捉えて「留」を使うこともできる。動きが一時的にとまる場合は「停」を、船以外の乗り物の動きをとめることを表す場合は「駐」を使うこともできる。

とらえる・とらわれる

【捕らえる・捕らわれる】

取り押さえる。つかまって、逃げられなくなる。縛られる。

例逃げようとする犯人を**捕**らえる。獲物の**捕**らえ方。密漁船を**捕**らえる。過去に**捕**らわれる。敵に**捕**らわれる。

【捉える】

的確につかむ。類把握する

例文章の要点を**捉**える。問題の**捉**え方が難しい。真相を**捉**える。機会を**捉**える。聴衆の心を**捉**える。

【囚▽われる】

つかまって、逃げられなくなる。縛られる。

例敵に**囚**われる。過去に**囚**われる。

自由を奪われて「とらわれ」ていることを表す場合は「囚」を使う。

とる

【取る】

手で持つ。手に入れる。書き記す。つながる。除く。

例本を手に**取**る。魚を**取**る。資格を**取**る。新聞を**取**る。政権を**取**る。年を**取**る。メモを**取**る。連絡を**取**る。着物の汚れを**取**る。疲れを**取**る。痛みを**取**る。

【採る】

採取する。採用する。採決する。

例血を**採**る。きのこを**採**る。山菜を**採**る。指紋を**採**る。新入社員を**採**る。こちらの案を**採**る。会議で決を**採**る。

【執る】

手に持って使う。役目として事に当たる。

例筆を**執**る。事務を**執**る。指揮を**執**る。政務を**執**る。式を**執**り行う。

【捕る】

つかまえる。類捕獲する

例ねずみを**捕**る。トンボを**捕**る。魚を**捕**る。鯨を**捕**る。外野フライを**捕**る。生け**捕**る。**捕**り物。

【撮る】

撮影する。

例写真を**撮**る。映画を**撮**る。ビデオカメラで**撮**る。

【録▽る】

録音・録画をする。類記録する

例対談の内容を**録**る。テレビ番組を**録**る。

【盗▽る】

奪う、盗む。

例こっそり人の物を**盗**る。財布を**盗**られる。

【摂▽る】

体に受け入れる。類摂取する

例昼食を**摂**る。栄養を**摂**る。新しい知識を**摂**り入れる。

【獲▽る】

魚・貝、野生の動物を捕獲する。欲

しいものを手に入れる。

例 サンマを獲る。ウサギを獲る。政権を獲る。メダルを獲る。

【穫▽る】

農作物を収穫する。

例 米を穫る。リンゴを穫る。

💡 一般的には「取」を使う。「魚をとる」は「手に入れる」という意味で「取」を使うが、「つかまえる」という視点から捉えて「捕」を使うこともできる。「採」は、栽培されていない野生の植物や昆虫に使われるほか、食糧以外のものにも使われる。「録」は「記録して残す」場合に使う。食糧としての食べ物を手に入れる場合には、「獲」と「穫」を使い、「獲」は魚や動物、「穫」は農作物に対して使われる。「獲」は常用漢字表で「える」の読みがあり、「獲る」と書くと「える」なのか「とる」なのか区別がつかないため、かな書きするか読みがなをつけるのが無難。

な

ない

【無い】

存在しない。所有していない。対有る・在る

例 有ること無いこと言い触らす。無くて七癖。無い袖は振れぬ。無い物ねだり。

【亡い】

死んでこの世にいない。

例 今は亡い人。友人が亡くなる。亡き父を偲ぶ。

💡 「今日は授業がない」「時間がない」「金がない」などの「ない」は、「無」を使うが、実際には、一般的に、かな書きされることが多い。

ないぞう

【内蔵】

内部にあること、内部に組み込んであること。

例 複雑な問題を内蔵している。内蔵ハードディスク。カメラが内蔵されている。

【内臓】

胸や腹の中にある器官。類臓器・はらわた

例 内臓脂肪。内臓疾患。家畜の内臓を取り出す。

💡 共通して含まれる「蔵」の字形には「たくわえる。内に入れる」の意味がある。「内臓」の「臓」には身体の形や器官を表す「月(にくづき)」がついている、と考えると書き分けに迷わない。

なおす・なおる

【直す・直る】

正しい状態に戻す。置き換える。類修繕する・修理する 対壊す

例 誤りを直す。機械を直す。服装を直す。故障を直す。かなを漢字に直す。ゆがみが直る。そこへ直れ。

【治す・治る】

病気や怪我から回復する。類いやす・治療する

例 風邪を治す。傷を治す。怪我が治る。治りにくい病気。

💡 一般的には「直」を使う。「なおす」ものが病気や怪我で、もとの健康な状態に戻す場合には「治」を使う。

なか

【中】

ある範囲や状況の内側。中間。類内 対外

例 箱の中。家の中。クラスの中で一番足が速い。嵐の中を帰る。両者の中に入る。中休み。

137

【仲】

人と人の関係。類間柄

例**仲**がいい。**仲**を取り持つ。**仲**たがいする。話し合って**仲**直りする。犬猿の**仲**。

▼「**仲**」は人と人との間に立って仲介や仲裁などをする場合、「**仲**買い」「**仲**立ち」のようにも使われる。

ながい・ながの

【長い・長の】

距離や時間などの間隔が大きい。対短い

例**長**い髪の毛。**長**い道。**長**い年月。気が**長**い。枝が**長**く伸びる。**長**続きする。**長**い目で見る。末**長**く契る。**長**のご乗車。**長**の道のり。

【永い・永の】

永久・永遠と感じられるくらい続くさま。

例**永**い眠りに就く。**永**くその名を残す。末**永**く契る。**永**の別れ。**永**の暇を告げる。

▼時間の長短に関しては、客観的に計れる「**長**」に対して、「**永**」は主観的な思いを込めて使われることが多い。「末ながく契る」は、その契りが「永久・永遠と感じられるくらい続く」ようにという意味で「**永**」を使うが、客観的な時間の長さという視点から捉

えて「**長**」を使うこともできる。

なく

【泣く】

悲しさや苦しさ、嬉しさを強く感じて、涙を流す。涙とともに声を出す。つらい思いをする。我慢して、承知する。

例彼女に**泣**かれる。嬉し**泣**き。赤ちゃんが**泣**く。顔で笑って心で**泣**く。あと1点に**泣**く。親に**泣**きつく。**泣**いても笑っても。

【鳴く】

鳥や虫、獣などが、声を出したり、羽を擦り合わせて音を出したりする。物が音を立てる。

例ウグイスが**鳴**く。松虫が**鳴**く。子猫の**鳴**き声。**鳴**かず飛ばず。タイヤがキイキイ**鳴**く。

▼「**鳴**」ではなく、鳥や虫、獣などが「**な**く」ことを、情感を込めて表現する場合には、「**啼**」を使うこともできる。慟哭する場合のように、人間の深い悲しみを表す場合には「**哭**」を使うこともできる。

なぐる

【殴る】

相手の体を強く打つ。

例げんこつで**殴**る。**殴**りつける。**殴**る蹴るの暴行を加える。

【撲る】

相手の体を強く打つ。

例げんこつでめちゃくちゃに撲る。激しく撲りつける。撲る蹴るの暴行を加える。

【擲る】

相手の体を強く打つ。

例げんこつでめちゃくちゃに擲る。激しく擲りつける。擲る蹴るの暴行を加える。

一般的には「殴」を使う。強く「なぐる」場合、「なぐる」強さに重点を置きたい場合には「撲」を使うこともできる。「擲」を使うと、「乱暴さ」のニュアンスが強調できる。「なぐる」を、ほかの動詞に付けて使う場合には、「書きなぐる」「なぐり書き」など、かな書きされることが多い。

なす・なる

【成す・成る】

やり遂げる、作りあげる。形を作る。

例大業を成す。財を成す。大企業を成す。群れを成す。山を成す。意味を成さない。為せば成る。

【生す・生る】

生む。植物が実を付ける。

例子供まで生した仲。生さぬ仲。梅の実が生る。

【為す・為る】

「する」「行う」の古い言い方。別のものや状態になる。

例害を為す。為す術を知らない。為せば成る。災い転じて福と為す。雪が雨に為る。冬に為る。子供に為りたい。

「生」も「為」も一般的にかな書きされることが多い。「為せば成る」は、「為せば(=やれば)成る(=できる)」と漢字の意味を考えるとわかりやすい。

なみだ

【涙】

感情が高ぶったときや刺激を受けたときに目から出る水分。思いやりや同情。

例涙を流す。涙に暮れる。嬉し涙。血も涙もない。

【泪】

感情が高ぶったときや刺激を受けたときに目から出る水分。思いやりや同情。

例泪を流す。泪に暮れる。嬉し泪。血も泪もない。

【涕】

感情が高ぶったときや刺激を受けたときに目から出る水分。思いやりや同情。

例涕を流す。涕に暮れる。嬉し涕。血も涕

も涕もない。

💧 一般的には「涙」を使う。「泪」「涕」は「涙」と同じ意味で使われるが、「泪」は、水を表す「氵」と「目」からできている漢字なので、視覚的に「なみだ」をイメージしやすく、詩や歌詞などに使われることが多い。

なめる

【舐゛める】

舌の先で触れる。舌で味わう。相手をみくびったり、軽んじたりする。
例猫が手を舐める。舌舐めずり。飴を舐める。酒を舐める。相手を舐めてかかる。

【嘗゛める】

舌で味わう。つらい体験をする。
例飴を嘗める。酒を嘗める。辛酸を嘗める。

💧 「舌で味わう」という意味では「舐」も「嘗」も使える。「舌の先で触れる」ことを表す場合は「舐」、「つらい体験をする」ことを表す場合は「嘗」を使う。「相手をみくびったり、軽んじたりする」ことを表すときや、「炎は建物をなめつくす」「カメラでなめる(=端から端まで撮る)」のように「舌で触れる」ことに喩えて「なめる」という場合は「舐」が使われる。

ならう

【習う】

人に教わる。繰り返して身につける。
例先生にピアノを習う。英語を習う。習い覚えた技術。習い性となる。見習う。

【倣う】

手本としてまねる。
例前例に倣う。西洋に倣った法制度。先人のひそみに倣う。右へ倣え。

💧 「習」には知識や技術などを身につけるために教師などから教わるというニュアンスが、「倣」には人や物事を手本にして、それに従うというニュアンスがある。「倣」は、「傚」と書くこともある。

ならす・なれる

【慣らす・慣れる】

何度も経験して、特別なことに感じられなくなる。何度も繰り返して、身につく。類なじむ・親しむ
例足を慣らす。新しい仕事に慣れる。環境に慣れる。慣れ親しむ。慣れた手つき。

【馴゛らす・馴゛れる】

思い通りに動くように、動物をしつける。人に親しみを持つようになる。
類てなずける
例動物を飼い馴らす。人に馴れたライ

オン。馴れ初め。

【狎゛れる】

人と親しくなり過ぎる。

例 寵愛_{ちょうあい}に狎れる。

【熟゛れる】

熟成し(状態が変わって)味がおいしくなる。

例 漬物が熟れる。熟れ鮨_{ずし}。

「馴」より程度が過ぎて「守るべき礼儀に欠ける」場合は「狎」を使う。そのため、礼を欠くほど親しそうにふるまうことを「馴れ馴れしい」とも「狎れ狎れしい」とも書く。

なる	→なす・なる
なれる	→ならす・なれる

に

におい・におう

【匂い・匂う】

おもに良いにおい。

例 梅の花の匂い。匂い袋。香水がほのかに匂う。

【臭い・臭う】

おもに不快なにおいや、好ましくないにおい。

例 魚の腐った臭い。生ごみが臭う。ガスが臭う。

「良いにおい」なのか「不快なにおい」なのか、どちらとも決められない場合は「臭」を使うことが多い。「それを感じさせる雰囲気」という意味で「犯罪の臭いがする」など「臭」が使われることもある。

にくい・にくむ

【憎い・憎む】

仕返しをしたいくらい腹が立つ。腹が立つほど気が利いている。

例 犯人が憎い。憎いことを言う。憎らしい人。悪を憎む。

【難゛い】

…することが難しい。

例 書き難い。言い出し難い。崩れ難い。

「憎」は「悪」と書かれることもある。「難」は「にくい」のほか「がたい」と読むことができ、「…にくい」なのか「…がたい」なのか区別がつかないため、かなで書かれることが多い。

にせ

【偽】

本物のように見せかけているが、本物ではないもの。

例 偽札。偽物のダイヤモンド。偽者に騙_{だま}される。偽学生。偽のメール。

【贋 ゙】

本物のように見せかけているが、本物ではないもの。 類贋作

例贋札。贋物のダイヤモンド。ピカソの贋物。

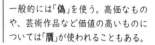 一般的には「偽」を使う。高価なものや、芸術作品など価値の高いものについては「贋」が使われることもある。

ぬ

【盗み・盗む】

他人の所有物を無断で自分のものにする。他人に知られないように、何かをする。時間をやりくりする。

例盗みを働く。盗み聞きする。お金を盗む。アイディアを盗む。師匠の技を盗む。人の目を盗む。

【偸 ゙む】

他人の所有物を無断で自分のものにする。他人に知られないように、何かをする。時間をやりくりする。

例お金を偸む。アイディアを偸む。師匠の技を偸む。偸み聞きする。人の目を偸む。暇を偸む。

 一般的には「盗」を使う。「偸」を使うと、「上手に使って役立てる」ニュアンスを出すことができる。

【温 ゙い】

熱いものや暖かいものの温度が少し低い、または、冷たいものがじゅうぶんに冷たくない。厳しさに欠ける。

例温いお茶。温い風呂。ビールが温い。温い風。温い雰囲気。手温い。

【緩 ゙い】

厳しさに欠ける。

例緩い雰囲気。手緩い。仕事のやり方が緩い。

 一般的には「温」を使う。「厳しさに欠ける」という意味の場合、「緩」を使うことができる。「温」は「ぬるい」のほか「あたたかい」、「緩」は「ぬるい」のほか「ゆるい」と読むことができ、漢字で書くと区別がつかないため、かなで書かれることが多い。

ね

【姉さん】

「お姉さん」の軽い言い方。 対兄さん

例僕の姉さん。近所の姉さん。仲のいい姉さん。

【姐 ゙さん】

旅館・料理屋などの女性の従業員や芸者を呼ぶ言葉。

例姐さんに注文を頼む。祇園の姐さん。

「姉さん」「姐さん」を「あねさん」とも読むが、やや古風。「姐」はかな書きされることが多い。

ねる

【練る】

こねて固める、こねて粘らせる。工夫して良くする。列をつくってゆっくり歩く。

例 小麦粉を**練る**。餡を**練る**。練り餌。作戦を**練る**。文章を**練る**。練り歩く。絹を**練る**。

【錬る】

金属を鍛える。心身を鍛える。類 鍛錬

例 鉄を**錬る**。体を**錬る**。心を**錬る**。刀を**錬る**。

【煉る】

熱を加えてこね固める。

例 餡を**煉る**。鉄を**煉る**。

一般的には「練」を使う。「錬」を使うと、金属や心身などを「ねる」ことで「より良い状態になる」ことがはっきりする。「神輿がねる」など「人に見せるため、列をつくってゆっくり進む」の意味では「邌」も使う。

【年季】

昔、雇い人を使う際に約束した年限。

例 **年季**が明ける。**年季**奉公。**年季**が入る。

【年期】

1年を単位として定めた期間。

例 **年期**決算。**年期**小作。

【年忌】

人が亡くなったあとの決まった年数が経ったときの忌日、法要。類 回忌・周忌

例 十三**年忌**。**年忌**を営む。

「**年季**」が、1年の場合には「一季」、半年の場合には「半季」を使った。「**年季**」と同じ意味で「**年期**」が使われることもあるが、「**年期**」を使うと、「1年」ということがはっきり表せる。

の

のこす・のこる

【残す・残る】

全体の一部をそのままにしておく。後世に伝える。なくならないで、あとにとどまる。類 余る

例 食事を**残す**。課題を**残す**。やり**残す**。置き手紙を**残す**。傑作を**残す**。名を**残す**。仕事が**残る**。家に**残る**。

143

売れ残る。お金が残る。傷あとが残る。悔いが残る。昔の面影が残っている。

【遺̌す・遺̌る】

亡くなったあと「のこす」、後世に伝える。

例手紙を遺す。子供に財産を遺す。傑作を遺す。後世まで名が遺る。歴史に遺る。昔の面影が遺っている。

💡 一般的には「残」を使う。遺産・遺作などについては「遺」を使うことができる。「散りのこす」「消えのこる」など「…のこす」「…のこる」の形で「全部…し終わらないで一部分をそのままにする」などの意味で使う場合には「残」を使う。

のせる・のる

【乗せる・乗る】

乗り物に乗る。運ばれる。応じる。騙̌す。勢いづく。対降りる・おろす

例電波に乗せる。タクシーに乗せて帰す。口車に乗せられる。電車に乗って行く。バスに乗る。風に乗って飛ぶ。時流に乗る。相談に乗る。図に乗る。

【載せる・載る】

積む。上に置く。掲載する。

例自転車に荷物を載せる。棚に本を載せる。雑誌に広告を載せる。机に

載っている本。新聞に載った事件。名簿に載る。

💡 「乗」は人や人に近いものに使えるが、「載」は物にのみ使う。そのため、「乗」には人や物事が移動するニュアンスが、「載」には物を(上に)積むというニュアンスがある。

のぞむ

【望む】

遠くを眺める。希望する。

例山頂から富士を望む。海を望む部屋。世界の平和を望む。自重を望む。多くは望まない。

【臨む】

面する。参加する。対する。

例海に臨む部屋。式典に臨む。試合に臨む。厳罰をもって臨む。難局に臨む。

💡 「海を望む部屋」と「海に臨む部屋」は同じような意味になるが、「海を望む部屋」は、海を眺めることができる部屋であることを強調しているのに対して、「海に臨む部屋」は、海に面している部屋であることを強調している。「望」は「…を望む」、「臨」は「…に臨む」と、助詞の使い方が異なる。理想や夢をより強く「のぞむ」場合に、「望」は「希」と書かれることがある。

【伸ばす・伸びる・伸べる】

真っすぐにする。増す。そのものが長くなる。差し出す。

例 手足を**伸**ばす。旅先で羽を**伸**ばす。勢力を**伸**ばす。髪を**伸**ばす。**伸**び**伸**びと育つ。輸出が**伸**びる。学力が**伸**びる。草が**伸**びる。身長が**伸**びる。救いの手を差し**伸**べる。

【延ばす・延びる・延べる】

遅らす。つながって長くなる。重複も認めて合計する。広げる。

例 出発を**延**ばす。開会を**延**ばす。支払いが**延**び**延**びになる。地下鉄が郊外まで**延**びる。寿命が**延**びる。終了時間が予定より10分**延**びた。**延**べ1万人の観客。金の**延**べ棒。

▼

「**伸**」には、曲がっていたものなどを真っすぐにしたりひきのばしたりして、それ自身の長さが長くなるというニュアンスが、「**延**」にはそれと同質のものが付け加わることで長くなるというニュアンスがある。「**伸**び**伸**び（と）育つ」の「**伸**び**伸**び」には「邪魔されず、自由でゆったりとしたさま」、「支払いが**延**び**延**びになる」の「**延**び**延**び」には「邪魔が入ったりして、何度も遅れること」という意味がある。

【上り・上る】

上方に向かう。達する。取り上げられる。対下り・下る

例 **上**り列車。**上**りくだり。**上**り鮎。階段を**上**る。坂を**上**る。川を**上**る。出世コースを**上**る。損害が1億円に**上**る。話題に**上**る。噂に**上**る。食卓に**上**る。日が**上**る。天に**上**る。

【登り・登る】

自らの力で高い所へと移動する。

例 富士山の**登**り口。**登**り道。**登**り竜。山に**登**る。木に**登**る。演壇に**登**る。崖をよじ**登**る。

【昇り・昇る】

一気に高く上がる。対降りる・沈む

例 **昇**り降り。**昇**り竜。エレベーターで**昇**る。日が**昇**る。天に**昇**る。高い位に**昇**る。

▼

「上の方向に移動する」という意味の「のぼる」は、一般的に「**上**」を使うが、急な坂や山道などを一歩一歩確実に上がっていく場合には「**登**」、一気に上がっていく場合には「**昇**」を使うことが多い。「日がのぼる」「天にのぼる」には「**上**」「**昇**」のどちらも使うことができるのも同じ考え方による。ケーブルカーなどで山にのぼる場合にも「**登**」を使うのは、「登山」という語との関係や、ケーブルカーなどを自らの足に代わるものとして捉えた見方による。

【飲む】

液体などを口に入れて、噛^かまずに喉を通す。

例 紅茶を**飲**む。酒を**飲**む。**飲**み物。がぶ**飲**みする。薬を**飲**む。

【呑゛む】

固まりを口に入れて、噛まずに喉を通す。中に取り入れる、のみ込む。受け入れる、おさめ入れる。軽く見る。酒をのむ。

例 ヘビがカエルを**呑**む。薬を**呑**む。人波に**呑**まれる。要求を**呑**む。息を**呑**む。涙を**呑**む。敵を**呑**んでかかる。酒を**呑**む。清濁あわせ**呑**む。

【喫▽む】

たしなみ味わう、煙草などを吸う。

例 お茶を**喫**む。煙草を**喫**む。

▽

「薬をのむ」場合には「服」を使うこともある。「誤って電池をのむ」のように「飲み込む」ことに重点がある場合、「嚥」を使うことがある。

146

は

はいしゅつ

【排出】

不要なものを外に出すこと。類排泄_{せつ}

例老廃物を**排出**する。**排出**物。**排出**口。**排出**器官。

【輩出】

優れた人が次々と世に出ること、次々と世に送り出すこと。

例逸材が**輩出**した時代。素晴らしい実業家を**輩出**させた町。優れた学者を**輩出**した名門校。

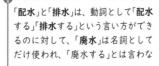

「**輩出**」は、特定の1人だけの場合は使わない。したがって、「優れた学者を**輩出**した名門校」の場合、「優れた学者」が複数名いることになる。

はいすい

【配水】

水を配ること。類給水

例各戸に**配水**する。工場全体に**配水**する。**配水**管。

【排水】

水を外へ出すこと、外に出される水。類水はけ

例**排水**をよくする。**排水**溝。**排水**ポンプ。生活**排水**。

【廃水】

使用したあと捨てられた、汚水。類廃液

例**廃水**を川へ流す。工場から出た**廃水**。**廃水**処理。

「**配水**」と「**排水**」は、動詞として「**配水**する」「**排水**する」という言い方ができるのに対して、「**廃水**」は名詞としてだけ使われ、「**廃水**する」とは言わない。

はいふ

【配付】

特定の人、1人ひとりに配ること。

例出席者に資料を**配付**する。宿題のプリントを**配付**する。使用する器具の**配付**。

【配布】

多くの人に配って行き渡らせること。

例ちらしを**配布**する。サンプルを**配布**する。クーポン券の**配布**。

配る対象が特定の人に限られている場合は「**配付**」、不特定多数の場合は「**配布**」を使うが、報道などでは、「**配布**」に統一されている場合もある。「負担金を**配賦**する」「**配賦**税」など、「個々に配分する、割り振る」という意味では「**配賦**」が使われる。

はえ・はえる

【映え・映える】

光を受けて照り輝く。引き立って見える。

例 夕映え。紅葉が夕日に映える。紺のスーツに赤のネクタイが映える。

【栄え・栄える】

立派に感じられる。目立つ。(「栄えない」の形で)ひきたって見えない。

例 栄えある勝利。みごとな出来栄え。見栄えがする。栄えない役回り。

💡 近年、SNSなどでよく使われる「ばえる」は、「(SNSなどへ投稿して人に見せたくなるほど)引き立って見える」という意味で「映」を使う。

はかい

【破壊】

打ち壊すこと、壊れること。対 建設
例 建物を破壊する。組織を破壊する。町が破壊される。破壊力。

【破戒】

戒めや戒律を破ること。対 持戒
例 破戒僧。破戒の罪。破戒の輩。

💡 書き分けに迷ったら、「破壊」は「こわれる、やぶれる」の意味をもった漢字を重ねた語、「破戒」は「戒めを破る」と読み替えられると考えるとよい。

はかる

【図る】

あることが実現するように企てる。
類 意図する・企図する

例 合理化を図る。解決を図る。身の安全を図る。再起を図る。局面の打開を図る。便宜を図る。

【計る】

時間や数などを数える。考える。類 計画する・計算する

例 時間を計る。タイミングを計る。計り知れない恩恵。頃合いを計って発言する。将来を計る。

【測る】

長さ・高さ・深さ・広さ・程度を調べる。推測する。類 測定する・測量する

例 距離を測る。標高を測る。身長を測る。水深を測る。面積を測る。血圧を測る。温度を測る。運動能力を測る。測定器で測る。真意を測りかねる。

【量る】

重さ・容積を調べる。推し量る。類 計量する・推量する

例 重さを量る。体重を量る。立体の体積を量る。容量を量る。心中を推し量る。

【謀る】

良くないことを企む。類 謀議す

る・謀略

例暗殺を謀る。悪事を謀る。会社の乗っ取りを謀る。競争相手の失脚を謀る。

【諮る】

ある問題について、意見を聞く。類諮問する

例審議会に諮る。議案を委員会に諮る。役員会に諮って決める。

身長と体重を「はかる」場合の「はかる」は、「測定する」と言い換えられることなどから、一般的に「量」よりも「測」が使われる。

【激しい】

勢いが非常に強い、耐えられないほど程度がひどい。

例風が激しい。気性が激しい。競争が激しい。暑さが激しい。激しい痛み。

【烈しい】

勢いが非常に強い、耐えられないほど程度がひどい。

例気性が烈しい。烈しい嫉妬心。競争が烈しい。

【劇しい】

勢いが非常に強い、耐えられないほど程度がひどい。

例気性が劇しい。競争が劇しい。暑さが劇しい。劇しい痛み。

「激」「烈」「劇」いずれも同じ意味だが、一般的には「激」を使う。「烈」には「熱烈」「苛烈」「猛烈」などの熟語があるため、「烈」を使うと、より強いはげしさが表現できる。毒物の効き目や痛みなどの程度がひどい場合に、「劇」を使うこともある。

【箱】

物を入れておく容器。客車・車両。劇場や店など、人の集まる施設。

例キャラメルの箱。道具箱。箱を開ける。箱にしまう。先頭の箱に乗る。大きな箱で公演する。

【函"】

物を入れておく容器。

例投書函。キャラメルの函。ブリキの函。

一般的には「箱」を使う。「人の集まる施設」の場合の「箱」は「ハコ」と書かれることがある。「函」には、「包み込む」「封筒」「手紙」などの意味があるため、「投函」や「書函」など手紙に関わる熟語がある。また、「函」は地名や人名を除いて、現在はあまり使われていないため、使うとレトロな雰囲気が出る。

はさむ

【挟む】

両側から押し付ける。間に置く。

例箸で**挟**む。しおりを**挟**む。ドアに手を**挟**まれる。川を**挟**んで向かい合う。**挟**み揚げ。休憩を**挟**む。口を**挟**む。疑問を**挟**む。

【挿▽む】

隙間や間に入れる。類挿入する

例しおりを**挿**む。口を**挿**む。疑問を**挿**む。条文を**挿**む。

【鋏▽む】

はさみで切る。

例枝を**鋏**む。髪を**鋏**む。

一般的には「**挟**」を使う。隙間や間に挿入する場合は、「**挿**」を使うこともできる。「**鋏**」は「**剪**」と書かれることもある。

はじまる・はじめ・はじめて・はじめる

【初め・初めて】

ある期間の早い段階。最初。先のほうのもの。

例**初**めはこう思った。秋の**初**め。年の**初**め。**初**めからやり直す。**初**めの曲のほうがいい。**初**めて聞いた話。**初**めてお目にかかる。**初**めての経験。

【始まる・始め・始める】

開始する。始めたばかりの段階。物事の起こり。主たるもの。対終わり・終わる

例懇親会が**始**まる。手**始**め。仕事**始**め。**始**めと終わり。国の**始**め。人類の**始**め。校長を**始**め、教職員一同…。仕事を**始**める。書き**始**める。

【創▽める】

事業などを新しく起こす。

例商売を**創**める。会社を**創**める。

「校長をはじめ、教職員一同…」などという場合の「はじめ」は、多くの人や物の中で「主たるもの」という意味で「**始**」を使うが、実際には、かな書きされることも多い。まったく新しいものを創造したり、新しく事業などを起こしたりするときは「**創**」を使うこともできる。

はた

【端】

へり、ほとり。

例川の**端**に立つ家。池の**端**。口の**端**。井戸**端**。

【傍▽】

そのことに関係のない人や立場、わき。

例**傍**から口を出す。**傍**から見ると。**傍**

でやきもきする。**傍**迷惑。

【側▽】

そのことに関係のない人や立場、わき。

例**側**から口を出す。**側**から見ると。**側**でやきもきする。**側**迷惑。

▽ 「端」は「はし」とも読むが、「はし」の場合は「中心から最も離れたあたり」の意味になるので注意。「傍」も「側」もほとんど同じ意味だが、「傍」が使われることが多い。

はた・はたけ

【畑】

野菜や穀物を栽培する土地。専門分野。

例**畑**を耕す。段々**畑**。茶**畑**。**畑**違い。外交**畑**。

【畠▽】

野菜や穀物を栽培する土地。

例**畠**を耕す。

▽ 「畑」も「畠」もほとんど同じ意味だが、一般的には「畑」を使う。「畠」は、地名や人名を除いて、現在はあまり使われていない。

はだ

【肌】

人間の体の表面、皮膚。物の表面。

人のもっている雰囲気。

例**肌**が荒れる。**肌**のお手入れ。岩**肌**。白磁の滑らかな**肌**。学者**肌**。**肌**が合わない。

【膚▽】

人間の体の表面、皮膚。物の表面。人のもっている雰囲気。

例**膚**が荒れる。**膚**のお手入れ。岩**膚**。白磁の滑らかな**膚**。学者**膚**。**膚**が合わない。

▽ 「肌」も「膚」も同じ意味だが、一般的には「肌」を使う。「膚」を使うと、古風な感じになる。

はな

【花】

植物の花（特に桜の花）。花のように人目を引くもの。

例**花**が咲く。**花**を生ける。**花**も実もない。**花**道を飾る。両手に**花**。**花**の都。**花**形。

【華】

きらびやかで美しい様子。本質を成す最も重要な部分。

例**華**やかに着飾る。**華**やかに笑う。**華**と散る。**華**々しい生涯。国風文化の**華**。武士道の**華**。

▽ 一般的には「花」を使う。「華」の場合、「華々しい」「華やか」「華やぐ」などと、形容詞化・形容動詞化・動詞化して

｜ 使われる。

はな

【鼻】

顔の中央の盛り上がったところ。鼻
から出る液体。
例鼻が高い。鼻の穴。鼻が詰まる。鼻
にかかった声。鼻が出る。鼻水。

【洟゛】

鼻から出る液体。
例洟が出る。洟を拭く。洟水。

▼
慣用句では「鼻」で使う場合がほとん
ど。「はなが出る」「はなをかむ」「はなを
垂らす」「はなをすする」など「鼻から出
る液体」の場合の「はな」は「鼻」「洟」ど
ちらも使われるが一般的には「洟」を
使う。

はなし

【話】

声に出して人に伝えること。伝えた
内容や話題。うわさ。相談。物語。
例話をする。話がうまい。話を聞く。
話を変える。世間話。耳寄りな話。
話がある。話がまとまる。昔話。お
とぎ話。

【噺゛】

落語など、人に聞かせて楽しませる
もの。
例人情噺。芝居噺。小噺。

【咄゛】

落語など、人に聞かせて楽しませる
もの。
例人情咄。芝居咄。小咄。

▼
一般的には「話」を使う。「語りの芸」と
いう意味合いを出す場合に「噺」「咄」
が使われる。ただし、3つのお題を使
い即興で落語を演じる「三題噺」は、
「噺」を使うことが多い。

はなす・はなれる

【離す・離れる】

距離や間隔が広がる。離脱する。類
分離
例間を離す。ハンドルから手を離す。
切り離す。見離す。解き離す。駅か
ら遠く離れた町。離れ島。離れ離れ
になる。戦列を離れる。職を離れる。

【放す・放れる】

拘束や固定を外す。放棄する。類解
放
例鳥を放す。魚を川に放す。違法駐車
を野放しにする。放し飼い。手放し
で褒める。切り放す。見放す。解き
放す。子供が手を放れる。矢が弦を
放れる。

▼
「切りはなす」「見はなす」「解きはなす」
の「はなす」は、「離」「放」どちらも使
われる。この場合、「離」「放」どちら
かを使い、いずれかのニュアンスを

| 出すか、かな書きするのが無難。

かすめ取る。

はね

【羽】

おもに翼、昆虫の「はね」。

例 鷹の羽。飛行機の羽。トンボが羽を震わせる。羽が生えたように売れる。

【羽根】

バラバラになった鳥の翼。「はね」の形をした器具や部品。

例 赤い羽根共同募金。鳥の羽根が落ちている。扇風機の羽根。羽根飾り。羽根つき。

▼ 一般的に「羽」を使う。昆虫などの「はね」の場合は「翅」が使われることもある。

はねる

【跳ねる】

地面や床を蹴って、高く上がる。飛び散る、弾ける。その日の興行が終わる。類 跳躍する

例 ウサギが跳ねる。飛び跳ねる。水が跳ねる。炭が跳ねる。芝居が跳ねる。跳ね上がる。

【撥゛ねる】

文字を書くとき、線の終わりを上にあげる。髪の毛や髭が上を向く。よくない物を取り除く。弾き飛ばす。

例 終筆を撥ねないように気を付けて字を書く。髪の毛が撥ねる。不良品を撥ねる。車に撥ねられる。上前を撥ねる。

【刎゛ねる】

横に払うように、切る。

例 首を刎ねる。

▼ 撥音の「ン」のことを「撥ねる音」ともいう。「刎」は、「首を刎ねる」のほかは、ほとんど使われない。

はやい・はやまる・はやめる

【早い・早まる・早める】

時期や時刻が前である。時間が短い。予定よりも前になる。

例 時期が早い。早く起きる。気が早い。早変わり。早口。矢継ぎ早。早まった行動。順番が早まる。出発時間が早まる。開会の時刻を早める。

【速い・速まる・速める】

スピードがある。速度が上がる。

例 流れが速い。投手の球が速い。テンポが速い。改革のスピードが速まる。脈拍が速まる。足を速める。回転を速める。

▼ 「速」の代わりに、「疾」「捷」を使うことがある。「疾」を使うとより勢いがある

153

ことが強調でき、「**捷**」を使うとよりすばやいことが強調できる。

はら

【腹】

胴体の前側で、胸より下の部分。母親が子供を宿すところ、またそこから生まれたこと。物の中央の膨らんだ部分。心の中、本心。度量。気分。

例**腹**を壊す。背に**腹**は代えられない。**腹**が減る。**腹**を痛めた子。**腹**違いの兄弟。指の**腹**。**腹**の底。**腹**芸。**腹**を割って話す。ふとっ**腹**。

【肚'】

心の中。度量。気分。

例**肚**の底。**肚**を割って話す。ふとっ**肚**。

一般的には「**腹**」を使う。表に表さない考えや度量といった意味合いでは「**肚**」を使う。「**肚**を痛めた子」「**肚**違いの兄弟」などのように、子を宿す場所としての「はら」を強調する際は「**肚**」を使うこともできる。

はり

【針】

糸で縫うための道具、または、形や用途がそれに似たもの。魚を釣るのに使う、先の曲がったもの。とげとげしい言葉。

例待ち**針**。時計の**針**。メーターの**針**。ホチキスの**針**。釣り**針**。**針**を含んだ言葉。

【鍼'】

医療用の「はり」を体のツボにさして治療すること、また、その「はり」。

例**鍼**治療。**鍼**を打つ。

一般的には「**針**」を使う。「**針**」の中でも、特に、医療用の「はり」に「**鍼**」、釣り針には「**鉤**」を使うこともある。

はる

【張る】

広がる。引き締まる、緊張する。取り付ける。押し通す。対弛む・緩む

例氷が**張**る。根が**張**る。策略を**張**り巡らす。気が**張**る。**張**りのある声。テントを**張**る。テニスのネットを**張**る。板**張**りの床。論陣を**張**る。強情を**張**る。片意地を**張**る。壁にタイルを**張**る。

【貼る】

のりなどで、表面に付ける。類接着する

例ポスターを**貼**る。切手を**貼**り付ける。**貼**り紙。**貼**り薬。壁にタイルを**貼**る。

「タイルをはる」の「はる」は、「タイルをのりなどで表面に付ける」という意味で「**貼**」を使うが、「板張りの床」な

どと同様、「タイルを壁や床一面に取り付ける（敷き詰める）」意味で「**張**」を使うことが多い。

はんざつ

【煩雑】

ややこしくて、面倒なこと。

例 **煩雑**な手続き。**煩雑**な人間関係。**煩雑**な世の中。

【繁雑】

物事が多くあって、ややこしいこと。

例 **繁雑**な業務を簡素化する。**繁雑**な並べ方。

「**煩雑**」は「わずらわしい（＝煩）」ことに重点があり、「**繁雑**」は「むやみに数が多い（＝繁）」ことに重点があるが、あまり厳密には区別されず、報道などでは「**煩雑**」で統一して使われることが多い。

はんめん

【反面】

反対の面。

例 安い**反面**、劣悪だ。**反面**教師。

【半面】

片方の面。顔の半分、1つの面の半分。

例 物事の**半面**だけを見る。**半面**の事実。**半面**を覆い隠す。コートの**半面**を使う。

「別の面では」などの意味で「…のはんめん…だ」「…するはんめん…だ」という場合は、「**反面**」も「**半面**」も使われるが、報道では「**半面**」に統一していることが多く、報道以外では「**反面**」が使われることも多い。

はんれい

【凡例】

辞書や本の使い方や方針を述べた部分。グラフや図で使われている記号・符号の説明。

例 最初に**凡例**を読む。**凡例**に示す。図の**凡例**を見る。

【判例】

これまでの裁判所の判決の実例。

例 **判例**を調べる。**判例**集。

【範例】

模範となる例。類 手本・見本

例 **範例**を見て手紙を書く。数学の問題の**範例**。

【反例】

命題や理論が成り立たないことを示す例。ある論議に反する例。

例 仮説に対する**反例**。**反例**を示して反対する。

「**凡**」が「概略・あらまし」の意味をもつことを知っておくと、「**凡例**」の意味がぴんときやすい。「**判例**」は、特に最

高裁判所が示した判断を指すことが
あり、のちの判決に影響を与える先
例としての意味合いをもつ。

【日】

太陽、太陽の光線。昼間。一日。時
期、時代。

例 **日**が昇る。**日**の出。**日**が差す。**日**当
たりがいい。**日**が暮れる。**日**ごとに。
こどもの**日**。いつの**日**にか。若き**日**
の面影。

【陽▽】

太陽、太陽の光線。

例 **陽**が昇る。**陽**が差す。**陽**当たりがい
い。

一般的には「**日**」を使う。太陽や太陽
の光線を表すときは「**陽**」を使うことが
できる。

【非運】

運が悪いこと。対 幸運

例 わが身の**非運**を嘆く。**非運**が続く。
非運に陥る。

【否運】

運が悪いこと。対 幸運

例 わが身の**否運**を嘆く。**否運**が続く。

否運に陥る。

【悲運】

悲しい運命。

例 **悲運**をかこつ。生き別れの**悲運**。悲
運の最期。

「**非運**」も「**否運**」もほとんど同じ意味
だが、「**非運**」が使われることが多い。
「**非運**」「**否運**」「**悲運**」と似た意味で「**不
運**」があるが、「**不運**」よりもかわいそ
うな感じが強い。

【日陰】

日光の当たらない場所。公然と社会
的な活動ができない立場。対 日なた

例 **日陰**で休む。**日陰**になる。**日陰**の身。

【日影】

日の光、日差し。日の光によってで
きる影。

例 春の**日影**。**日影**が伸びる。ビルの**日
影**。

「**日陰**」は「**日蔭**」と書かれることもあ
る。「**日影**」が「日の光、日差し」という
意味になるのは、「**影**」に「日差し、光」
という意味があるからである。

【引く】

近くに寄せる。線を描く。参照する。

やめる。注意や関心などを向けさせる。くじなどを抜き出す。引っ張る、引きずる。引っ張って、導く。長く伸ばす。伸ばして塗る。後ろに下がる。減らす。辞書などで言葉を探す。今まであったものがなくなる。

例 綱を引く。水道を引く。扉を引く。田に水を引く。引き金を引く。風邪を引く。罫線を引く。設計図を引く。例を引く。身を引く。同情を引く。大臣の職を引く。おみくじを引く。船を引く。地引き網。子供の手を引く。線を引く。フライパンに油を引く。関心を引く。人目を引く。喩えを引く。兵を引く。潮が引く。引き算。辞書を引く。熱が引く。

【弾く】

弦楽器・鍵盤楽器を演奏する。

例 ピアノを弾く。バイオリンを弾く。ショパンの曲を弾く。弾き手。ギターの弾き語り。

【退く】

仕事などを辞める。後ろに下がる。
類 引退・退却

例 第一線から退く。兵を退く。潮が退く。

【曳く】

引っ張る、引きずる。類 曳航

例 船を曳く。地曳き網。長い裾を曳きずる。

【牽く】

引っ張って、導く。類 牽引

例 馬を牽く。レッカー車で牽いてゆく。子供の手を牽く。

【惹く】

人の気持ちを自分のほうや、ある対象へ向かわせる。

例 関心を惹く。人目を惹く。作品に惹かれる。

【挽く】

のこぎりをひいて切る。砕いたりつぶしたりする。臼で砕いて粉にする。

例 木を挽く。挽き肉。コーヒーの豆を挽く。お茶を挽く。臼を挽く。

【碾く】

臼で砕いて粉にする。

例 臼を碾く。粉を碾く。

【轢く】

車両が、人や動物を下敷きにする。

例 トラックに轢かれる。猫を轢きそうになる。

一般的には「引」を使う。「退」「曳」「牽」「惹」は、「引」と書かれることが多い。「弾」「挽」「碾」「轢」は、使い分けを意識して漢字で書くか、かな書きされることが多い。「くじなどを抜き出す」という意味で「くじを抽く」「おみくじを抽く」のように「抽」が使われることもある。

びしょう

【微小】

非常に小さい、細かい。類微細 対巨大

例**微小**な機械。**微小**な傷。**微小**生物。

【微少】

非常に少ない。類僅少・些少

例**微少**な金額。**微少**な量。損害は**微少**だった。

「**微小**」は粒子、音、存在、変化、地震など、大小についていえるさまざまな事物に使う。感知しにくいほど小さいという意味合いで使われることが多いが、「宇宙の中で見れば、地球は**微小**な惑星だ」のように、相対的にみて非常に小さい場合にもいう。

ひそう

【悲壮】

悲しみの中、勇ましく振る舞うこと（様子）。悲しみの中、心を奮い立たせること（様子）。

例**悲壮**な最期。**悲壮**な決心。**悲壮**な戦い。

【悲愴】

悲しくて、心が痛むこと（様子）。類悲痛

例**悲愴**感を漂わせる。**悲愴**な面持ち。世にも**悲愴**なシーン。

りりしさとともに悲しみを感じさせる場合には「**悲壮**」、痛ましい悲しみには「**悲愴**」を使う。「**悲壮**」は、たとえば、犠牲を伴う「**悲壮**な覚悟」、死と隣り合わせにある「**悲壮**な戦闘」、出征による「**悲壮**な別離」などと使われる。

ひっし

【必死】

全力を尽くす様子。

例**必死**の努力。**必死**に走る。**必死**の形相。

【必至】

必ずそうなること（様子）、必ず来ること（様子）。類必定・必然

例成功は**必至**だ。解散は**必至**だ。**必至**の情勢。

将棋で、どう守っても次の一手で必ず詰んでしまう状態やそのような手を「**必死**」といい、「**必至**」とも書くことがある。

ひとり

【一人】

一個の人、いちにん。自分だけですること。

例**一人**ずつ。アルバイトを**一人**雇う。**一人**娘。**一人**旅。

【独り】

ほかの人がいない所に自分だけがいること。独身。類孤独・単独

例独り身。独り合点。独りで暮らしている。今も独りだ。

⚲ 「一人」だけであることや孤独な感じを強調するために「独り」を使うことがある。「ひとり国内の問題ではない」などのように「ひとり…ない」の形で、「ただ単にそのことだけに限らない様子」という意味で副詞的にも使われる。

【暇】

空いた時間。用事もなく過ごす様子。

例暇がない。暇を潰す。暇な一日。

【閑▽】

落ち着いてゆっくり過ごす時間。用事もなくゆっくり過ごす様子。

例閑な一日。閑を楽しむ。

⚲ 一般的には「暇」を使う。「閑」を使うと、気持ちに余裕があるニュアンスになる。「窓の隙より風が吹く」のように「物と物との間、隙間」という意味の雅語として「隙」が使われる。

【表記】

言葉を文字で書き表すこと。表書き。

例ローマ字表記。表記の誤り。表記の住所にお送りください。

【標記】

文書の見出し・題名・件名として書くこと。

例標記の件につきまして。

⚲ 「表記の件」といえば「表書きに書かれた件」、「標記の件」といえば「題名などに書いた件」となり、微妙な違いが出る。「指標」「道標」などというように、「標」には「はっきり示す・しるす」の意味がある。ゆえに「標記」は題名などとして書くという意味になる。

【表示】

はっきりと明示すること。

例価格表示。添加物の表示。意思表示。

【標示】

見て、すぐわかるように示すこと。

例道路標示。標示板。標示に従う。

⚲ 「表示」は「外・外部」へ示すことに重点が、「標示」は「目印など」をつけて示すことに重点がある。

ふ

ふえる・ふやす

【増える・増やす】

数や量が多くなる。対減らす・減る
例人数が増える。体重が増える。出資
が増える。資本金を増やす。仲間を
増やす。

【殖える・殖やす】

財産や動植物が多くなる。
例資産が殖える。ネズミが殖える。家
畜を殖やす。財産を殖やす。株分け
して殖やす。

> 「資産が殖える(=利殖)」「家畜を殖や
> す(=繁殖)」などの場合には「殖」を使
> うこともできるが、実際には、「増」が
> 使われることが多い。

ふきゅう

【不休】

休まないこと。
例不眠不休。不休で作業を続ける。

【不朽】

後世まで価値が失われずに残るこ
と。類不滅
例不朽の名作。不朽の功績。永垂不
朽えいすい
ふきゅう。

【不急】

特に急いでやる必要のないこと。

例不要不急。不急の用件。

> 「不」には、「…でない、…しない」とい
> う意味があるので、「不休」は「休まな
> い」、「不朽」は「朽ちない(腐らない、
> 滅びない)」、「不急」は「急ぎでない」
> と、漢字の意味を考えると使い分け
> に迷わない。

ふく

【吹く】

空気が流れ動く。息を出す。表面に
現れる。
例そよ風が吹く。口笛を吹く。鯨が潮
を吹く。干し柿が粉を吹く。芽吹
く。吹き出物。不満が吹き出す。汗
が吹き出る。

【噴く】

気体や液体などが内部から外部へ、
勢いよく出る。
例火山が煙を噴く。エンジンが火を噴
く。石油が噴き出す。火山灰を噴き
上げる。鯨が潮を噴く。不満が噴き
出す。汗が噴き出る。

> 「鯨が潮をふく」は、鯨が呼気ととも
> に海水を体外に出すことに視点を置
> いた場合は「吹」を、体内から体外に
> 勢いよく出すことに視点を置いた場
> 合は「噴」を使う。「不満」や「汗」が「表
> 面に現れる」とき、その現れ方の激し
> さに視点を置いた場合には「噴」を使
> うこともできる。「大げさな話をする」

という意味の「ほらをふく」は、「ほら貝を吹く」から来ている表現なので、「ほらを吹く」と「吹」を使う。「笑い出す」という意味の「ふき出す」は「笑いが勢いよく外に出る」ことなので「噴き出す」と「噴」を使う。

ふく

【拭く】

汚れや水分などを取るために、布や紙などでこする。[類]ぬぐう

例 汗を**拭く**。窓を**拭く**。**拭**き掃除。水拭き。

【葺゙く】

板・瓦・茅などの材料を重ねるように並べて、屋根を作る。軒にさす。

例 瓦葺きの家。茅で屋根を**葺く**。菖蒲を**葺く**。

▼ 「菖蒲を**葺く**」とは、端午の節句前夜に、軒に菖蒲をさした行事のことである。毒虫や火災を防ぎ、邪気を払うといわれている。

ふける

【更ける】

深まる。[類]深更

例 深々と夜が**更ける**。秋が**更ける**。夜更かしする。

【老ける】

年を取る。

例 年のわりには**老けて**見える。**老け込む**。最近急に**老けた**。**老け役**。

【深▽ける】

深まる。[類]深更

例 深々と夜が**深ける**。秋が**深ける**。

【耽゙る】

ひとつのことに夢中になる。[類]耽溺する

例 読書に**耽る**。雑談に**耽る**。思いに**耽る**。空想に**耽る**。

▼ 「更」も「深」もほとんど同じ意味だが、「更」が使われることが多い。「更」「深」を季節で使う場合には「秋」だけに使う。また、「夜ふかし」は「夜更かし」と「更」が使われる。「老ける」は、特に外見に対して使われ、実年齢以上に年を取っているように見える時に使われる。「老」は「化」と書かれることもある。

ふごう

【符号】

文字以外の記号。[類]記号

例 モールス**符号**。「＋（プラス）」や「－（マイナス）」の**符号**。**符号**をつける。

【符合】

ぴったり一致すること。

例 目撃証言と**符合**する。実験の結果と**符合**する。両者が**符合**する。

「符合」は名詞のほか、動詞として「**符合**する」のように使われるが、「**符号**」は名詞としてのみ使われるため「符号する」という言い方はしない。

ふさぐ

【塞ぐ】

物を詰めたり被せたりして、あいているところを閉じる。物を置くなどして、使用を妨げる。気が晴れない、憂鬱になる。対あける

例穴を**塞**ぐ。耳を**塞**ぐ。場所を**塞**ぐ。席を**塞**ぐ。気が**塞**ぐ。**塞**ぎ込む。

【鬱ぐ】

気分が晴れない、憂鬱になる。
例気が**鬱**ぐ。**鬱**ぎ込む。すっかり**鬱**いでいる。

一般的には「**塞**」を使う。「気分が晴れない、憂鬱になる」という意味で「**塞**」も「**鬱**」も同じように使われるが、「**鬱**」を使うと、心の中がある感情でいっぱいでめいっているというニュアンスを表すことができる。

ふしょう

【不肖】

親や師匠に似ず、愚かなこと。(自分をへりくだって)愚かな者。
例**不肖**の息子。**不肖**の弟子。**不肖**の身。**不肖**ながら…。

【不祥】

よくないこと、めでたくないこと。
例**不祥**事。**不祥**な出来事。

【不詳】

はっきりしないこと。類不明・未詳
例氏名**不詳**。身元**不詳**。年代**不詳**。

「肖」には「肖るものに似ている」という意味があるので、「**不肖**」は「(親や恩師に)似ていない」という意味になる。「祥」には「めでたいこと」という意味があるので、「**不祥**」は「めでたくないこと」という意味になる。「詳」には「詳しい」という意味があるので、「**不詳**」は、「詳しくない、はっきりしない」という意味になる。漢字の意味を考えると使い分けに迷わない。

ふしん

【不信】

信用しないこと。
例**不信**の念。**不信**を抱く。**不信**の目で見る。**不信**を招く。

【不振】

勢いや成績などが、振るわないこと。
例成績**不振**。食欲**不振**。**不振**におちいる。

【不審】

疑わしいと思うこと。
例**不審**な人物。挙動**不審**。**不審**火。不

審の念を抱く。

💡 **不信**は名詞としてだけ使われ、「不信な」とは言わない。「審」には「つまびらか、詳しい」という意味があるので、**不審**は「つまびらかではない」＝「疑わしい」という意味になる。

【伏す・伏せる】

病気などで、床につく。うつぶせになる。下向きにする。人に知らせずに、隠す。

例 病床に**伏す**。机に**伏せる**。教科書を**伏せる**。目を**伏せる**。この話は**伏せ**ておこう。

【臥˚す・臥˚せる】

病気などで、床につく。

例 病床に**臥す**。ただ今、**臥せ**っております。

💡 一般的には**伏**を使う。「寝込む、横になって休む」という場合は、**臥**を使うことができる。

【縁】

物の端の部分。物の周りを囲む枠。
類 へり
例 テーブルの**縁**。器の**縁**が欠ける。**縁**取りをする。額**縁**。眼鏡の**縁**。崖っ**縁**_{ぶち}。

【淵˚】

川の水がよどんで深くなっているところ。苦しい境遇や心境。瀬戸際。
対 瀬
例 **淵**に沈む。**淵**に石を投げる。絶望の**淵**。危険の**淵**。

💡 「川の**縁**」というと「川べり、川のほとり」を表し、「川の**淵**」というと「川の水の深いところ」を表す。「崖っ**縁**」とは、崖の上の切り立った「へり」の部分をいうことから、それくらい追い詰められた状態という意味がある。

【船】

比較的大型のもの。
例 **船**の甲板。**船**で帰国する。**船**旅。親**船**。**船**乗り。**船**賃。**船**荷。**船**会社。**船**出。**船**酔い。釣り**船**。渡し**船**。助け**船**を出す。

【舟】

おもに小型で簡単な作りのもの。
例 **舟**をこぐ。小**舟**。ささ**舟**。丸木**舟**。助け**舟**を出す。釣り**舟**。渡し**舟**。

💡 **船**は**舟**と比べて、「比較的大型のもの」に対して使うが、「船旅・船乗り・船賃・船会社・船出」のように、「ふね」に関わるさまざまな言葉でも広く使われる。ただし、この場合、「ふね」ではなく「ふな」と読む。「釣り

船」「渡し船」は、動力を使わない「ふね」の場合は「釣り舟」「渡し舟」と「舟」を使うことが多い。また、「助けぶね」は、救助船の意味の場合には「船」、比喩的に助けになるものという意味の場合は「舟」を使うことが多い。

ふびん

【不敏】

才能や才知に乏しいこと(様子)。

例不敏にして知らなかった。不敏な身をもって会長になる。不敏を顧みず。

【不憫】

哀れでかわいそうなこと(様子)。

例不憫に思う。不憫がる。不憫な境遇。

> 「不敏」は、おもに自分について、へりくだっていうときに使う。「不憫」は「不愍」と書くこともある。

ふへん

【普遍】

広く、すべての物事に通じて見られること。類一般 対特殊

例人類普遍の原理。普遍概念。普遍的な本質。

【不変】

変わらないこと。対可変

例不変の法則。不変の価値。永久不変。

【不偏】

偏らないこと。

例公正不偏な態度。不偏不党。

> すべてに当てはまるの意味なら「普遍」、時が経っても変化しないの意味なら「不変」。「いつの時代もフヘン」の場合、昭和・平成・令和など各時代に共通するという意味合いなら「普遍」、時代が移り変わることとの対比の意味合いなら「不変」が適当だろう。

ふやす　　　　→ふえる・ふやす

ふよ

【付与】

与えること。

例権限を付与する。ポイントが付与される。休暇の付与。

【賦与】

生まれつき与えられること。類天賦

例天から賦与された能力。素晴らしい才能を賦与される。

> 「付与」は、権力・名誉・資格など、抽象的な性質のものを「あたえる」場合に使う。一方、「賦与」は「賦」に「生まれつきの資質」という意味があるため、能力や才能などについて使われる。

164

【不要】

必要ではないこと。類不必要・無用
対必要

例**不要**の買い物。**不要**不急の外出。予
約**不要**。

【不用】

使わないこと。使ってしまって、も
ういらないこと。対入り用・入用

例**不用**品。予算の**不用**額。**不用**になっ
た家具。

 「いらない」という意味では「**不要**」も
「**不用**」もほぼ同じだが、「**不要**」が多
く使われる。「**不用**」を使うと、「役に立
たない、無駄」ということが強調でき
る。

【振るう】

盛んになる。勢いよく動かす。
例士気が**振る**う。事業が**振る**わない。
熱弁を**振る**う。権力を**振る**う。

【震う】

小刻みに揺れ動く。
例声を**震**わせる。決戦を前に武者**震**
する。思わず身**震**いする。

【奮う】

気力があふれる。
例勇気を**奮**って立ち向かう。**奮**ってご

参加ください。**奮**い立つ。**奮**い起こ
す。

【揮う】

思いのままに操る、使う。
例筆を**揮**う。腕を**揮**う。熱弁を**揮**う。
権力を**揮**う。

【篩う】

篩(ふるい)にかける。より分ける。
例灰を**篩**う。**篩**い分ける。厳しい試験
で**篩**い落とす。

 一般的には「**揮**」は「**振**」で代用し、
「**篩**」はかな書きされることが多い。「振
るい落とす」は「果実を振るい落とす」
などゆすって落とすの意味が、「篩い
落とす」は「受験者を篩い落とす」のよ
うに選別する、または調理などで篩
を使って選別するの意味がある。

へ

【並行】

並んで進むこと。同時に行われるこ
と。
例**並行**路線。2つの作業を**並行**して行
う。同時**並行**。**並行**輸入。

【平行】

2つの直線や平面が交わらないこと。
同時に行われること。意見などが一
致しないこと。対交差

例**平行**する直線。**平行**棒。**平行**四辺形。2つの作業を**平行**して行う。同時**平行**。議論が**平行**する。

【平衡】

つり合いが取れていること。類均衡・バランス

例**平衡**を保つ。**平衡**感覚。**平衡**状態。精神の**平衡**。

「**並行**」は「**併行**」と書かれることもある。「同時に行われること」という意味では「**並行**」「**平行**」どちらも使われるが、「**並行**」の方が一般的に多く使われる。

べつじょう ▼ へんしゅう

べつじょう

【別条】

ほかと変わった事柄。

例**別条**のない毎日。**別条**なく過ごす。

【別状】

普段と変わった状態。類異状

例命に**別状**はない。

報道などでは、「**別条**」に統一されている場合もある。「**別条**」も「**別状**」も、「…ない」の形で使われることが多い。

へんざい

【偏在】

一部だけにあること、偏って存在すること。対遍在

例都市部に**偏在**する。生産地が**偏在**している。富の**偏在**。

【遍在】

広く、どこにでもあること。対偏在

例全国に**遍在**する。宇宙に**遍在**している。

「**偏**」には「偏る」という意味があり、「**遍**」には「広く、まんべんなく」という意味があるので、元の漢字の意味を考えると、使い分けしやすい。

へんしゅう

【編集】

方針や企画を立てて、材料を集め、新聞や雑誌・書物などを作ること。撮影した映像や録音した音声を繋ぎ合わせて作品にすること。

例雑誌を**編集**する。**編集**後記。動画の**編集**。

【編修】

資料を集めて、本にまとめること。

例古代史の**編修**。辞典の**編修**。編年史料を**編修**する。

一般的には「**編集**」を使う。「**編修**」は、おもに歴史書や辞典・辞書類の場合に使われる。「**編集**」は、もともと新聞や雑誌・書物を作ることを意味していたが、映像・音声について使われるようになり、近年では、データやそのほかのものについても拡大して使

| われるようになっている。

【編成】

ひとつのまとまった形を作ること。

例 予算**編成**。番組の**編成**。五両**編成**の列車。バンドの楽器**編成**。学級**編成**。

【編制】

ひとつのまとまりのある組織を作ること。

例 軍隊を**編制**する。学級**編制**。

一般的には「**編成**」を使う。組織やその内部構造であることを強調する場合に「**編制**」が使われる。学級やクラスについては、「**編成**」「**編制**」どちらも使われる。

ほ

ほうしょう

【報奨】

功績や評価すべき行いに対して、金品を与えて、報い励ますこと。類 奨励

例 **報奨**金。**報奨**制度。売り上げ増の**報奨**。

【報償】

損害を国などが償うこと。役務や施設提供などに対して支払われる対価。類 代償・弁償

例 **報償**金。役務に対する**報償**。国費で**報償**する。**報償**費。

【報賞】

功績に報いて賞を与えること。また、その印として与える金品。

例 功労者を**報賞**する。厚く**報賞**する。

【褒章】

栄典制度のひとつ。社会や公共のため貢献した人に国が与える栄典。

例 紫綬ぃ**褒章**。紺綬こん**褒章**。

【褒賞】

功績を褒めたたえること、また、その印として与える金品。類 恩賞・褒美

例 功労者の**褒賞**。人命を救助して**褒賞**される。**褒賞**を授与する。

「**報償**」は、「仕返し、復讐」の意味で使われることもある。「**褒賞**」は、特に善行を褒めたたえる時に使われることが多い。

ぼうぜん

【呆然】

あっけにとられたり、ぼんやりしたりすること。

例 **呆然**と立ち尽くす。**呆然**とした顔。後ろ姿を**呆然**と見送る。

167

【茫然】

漠然として、とりとめのないこと。あっけにとられたり、ぼんやりしたりすること。

例 **茫然**と一日を過ごす。前途は**茫然**としている。**茫然**自失。**茫然**とした顔。

> 「あっけにとられて、ぼんやりすること」という意味では「**呆然**」も「**茫然**」もどちらも使うことができるが、「漠然としている」という意味の場合は「**茫然**」を使う。「**茫然**自失」という言葉は『列子』『仲尼ちゅうじ』が典拠であり「**茫然**」を使う。

【外】

ある範囲から出たところ。

例 思いの**外**うまく事が進んだ。想像の**外**の事件が起こる。もっての**外**。殊の**外**。それより**外**に方法はない。

【他】

それとは異なるもの。

例 **他**の仕事を探す。この**他**に用意するものはない。**他**の人にも尋ねる。

> 「**外**の人の希望をきく」という場合は「部外者の人」を指し、「**他**の人の希望をきく」という場合には「当事者以外の人」を指す。「…に**ほかならない**」「…に**ほかならぬ**」の形で、「それ以外のものでない。ほかの人でない」の意味で使う場合には「**他**ならない」「**他**ならぬ」と「**他**」が使われる。

【保証】

請け合うこと。

例 身元を**保証**する。**保証**人。**保証**書。

【保障】

差し障りのないよう、保護し守ること。

例 安全**保障**。社会**保障**。生活を**保障**する。

【補償】

損害を埋め合わせること。類 償い・賠償・弁償

例 損害を**補償**する。**補償**金。遺族**補償**。

> 「**保証**」は「間違いないと責任を持つ」というニュアンス、「**保障**」は「マイナスな状態にならないよう守る」というニュアンス、「**補償**」は「損害などをつぐなう」というニュアンスがある。

【補足】

不十分なところを補うこと。

例 **補足**説明。**補足**文書。ひと言だけ**補足**する。

【捕捉】

捉えること。つかまえること。
例犯人を**捕捉**する。レーダーで目標を**捕捉**する。

💡 「法令の規定を補うために付け加えられた規定。雑則」という意味で「**補則**」というものもある。

ほり

【堀】

土地を掘って水を溜めたところ。
例お城の**堀**。**堀**を巡らす。釣り**堀**。

【濠ヽ】

城の周りに掘った「池」。
例お城の**濠**。**濠**を巡らす。**濠**を掘る。

💡 一般的には「**堀**」を使う。城の周りの「ほり」のうち、中に水があるものは「**濠**」、中に水がないものは「**壕**」を使うこともできる。

ほる

【掘る】

地面に穴をあける。土の中の物を取り出す。類掘削する・発掘する
例穴を**掘**る。トンネルを**掘**る。大根を**掘**る。**掘**り出しもの。

【彫る】

刻む。刻んで物を作る。類彫刻する

例浮き**彫**り。名前を**彫**る。仏像を**彫**る。**彫**り師。

💡 「**彫**」には、「刻んで物や形をつくる」ことから「入れ墨をする」という意味もある。「**彫**」の代わりに「**刻**」が使われることもある。

ほろびる・ほろぶ・ほろぼす

【滅びる・滅ぶ・滅ぼす】

勢いのあったものが、なくなって絶える。
例国が**滅**びる。文明が**滅**びる。王朝が**滅**ぶ。身を**滅**ぼす。敵を**滅**ぼす。

【亡▽びる・亡▽ぶ・亡▽ぼす】

勢いのあったものが、なくなって絶える。
例国が**亡**びる。文明が**亡**びる。王朝が**亡**ぶ。身を**亡**ぼす。敵を**亡**ぼす。

💡 「**滅**」は「尽きはてる」、「**亡**」は「逃げる」が、漢字のもともとの意味だが、ほぼ同じ意味で使われ、一般的には「**滅**」を使う。「**亡**」を使うと、今はもう存在しないというニュアンスをより強調できる。

ほんい

【本位】

判断や行動の規準・基本となるも

の。もともとの地位や位置。

例自分本位。お客様本位。金本位制。
本位に復する。

【本意】

本当の気持ち。元からの意志。類真
意・本懐・本望 対不本意

例私の本意ではない。本意を糺ただす。
本意を遂げる。

【翻意】

決心を変えること。

例翻意を促す。突然翻意する。ついに
翻意させた。

「本位」は「基本となる位置(＝基準
点)」、「本意」は「本来の意志」、「翻
意」は「意志を翻す」のように、漢字の
意味を考えると使い分けに迷わない。

ま

まいる

【参る】

行く・来るのへりくだった言い方、丁重な言い方。寺・神社・墓などを拝みに行く。負ける、降参する。困る、閉口する。

例 すぐ参ります。電車がまもなく参ります。先祖の墓に参る。神社にお参りする。参りました。暑さに参る。

【詣▽る】

寺・神社などを拝みに行く。

例 先祖の墓に詣る。神社にお詣りする。

💡 一般的には「参」を使う。「参詣」や「参拝」を表す場合は、「詣」を使うこともできる。

まがる・まげる

【曲がる・曲げる】

曲がった状態にする。進む方向を変える。事実や道理・規則、本来の主義主張に反するようにする。

例 ネクタイが曲がっている。右に曲がる。足を曲げる。事実を曲げる。志を曲げる。

【枉▽げる】

事実や道理・規則、本来の主義主張に反するようにする。

例 事実を枉げる。志を枉げる。

💡 一般的には「曲」を使う。事実・道理・規則・本来の主義主張に反する場合には「枉」を使うこともできる。また、「そこを、まげてご承知をお願いします」のように「無理に、ぜひとも」という意味で「まげて」という場合は、「曲」「枉」のどちらも使われる。

まざる・まじる・まぜる

【交ざる・交じる・交ぜる】

おもに、元の素材が判別できる形で、一緒になる。

例 芝生に雑草が交ざっている。子供たちに交じって遊ぶ。漢字仮名交じり文。白髪交じり。小雨交じりの天気。トランプを交ぜる。交ぜ織り。

【混ざる・混じる・混ぜる】

おもに、元の素材が判別できない形で、一緒になる。

例 酒に水が混ざる。異物が混じる。雑音が混じる。コーヒーにミルクを混ぜる。セメントに砂を混ぜる。絵の具を混ぜる。

💡 ただ一緒にするだけの時には「交」、とけ合って1つになるようにする時には「混」が使われることが多い。よって、「子供たちに交ざって遊ぶ」を「混ざって」にすると、子供たちと一体になって遊んでいるニュアンスになる。

異質なものが入りこむ場合、「雑」を使うこともできる。

まじる　　　→まざる・まじる・まぜる
まずい

【不゛味゛い】

味がよくない。対おいしい
例不味い料理。不味そうに食べる。

【拙゛い】

下手だ、できが悪い。対うまい・巧み
例拙い字。そのやり方は拙い。

「まずい」には、このほか、「都合や具合が悪い」「気まずい」という意味もあるが、これらの場合は、一般的にかな書きにすることが多い。

まぜる　　　→まざる・まじる・まぜる
まち

【町】

行政区画の1つ。人家が多く集まった地域。
例町と村。…町。町役場。町ぐるみの歓迎。城下町。下町。町外れ。

【街】

商店が並んだ、にぎやかな通りや地域。
例街を吹く風。学生の街。街の明かりが恋しい。街の声。街角に立つ。

「街」は「町」の中でも特ににぎやかな道や場所に使う。「街」以外は「町」が使われることが多い。

まつり・まつる

【祭り・祭る】

供え物をしたり儀式を行ったりして、神仏や祖先の霊をなぐさめる。神としてあがめる。
例豊作を願うお祭り。御先祖様を祭る。お地蔵様が祭ってある。社長に祭り上げる。

【祀゛る】

供え物をしたり儀式を行ったりして、神仏や祖先の霊をなぐさめる。神としてあがめる。
例御先祖様を祀る。お地蔵様が祀ってある。

一般的には「祭」を使う。現在では「催し、イベント」の意味で「祭」が使われているため、「祀」を使うと「神仏や祖先の霊をまつる」ことが明確に表せる。「神田祭」など、固有名詞には「祭」「まつり」の形で使われる。

まもる

【守る】

ほかから害を受けないようにして、安全を保つ。悪い状態にならないように気をつける。決められたことに

従う。

例 身を**守**る。攻撃から**守**る。お**守**り。自然を**守**る。沈黙を**守**る。交通ルールを**守**る。約束を**守**る。

【護る】

ほかから害を受けないようにして、安全を保つ。（大切なものが）悪い状態にならないように気をつける。

例 身を**護**る。攻撃から**護**る。城を**護**る。自然を**護**る。

一般的には「**守**」を使う。「**護**」も「**守**」と同じように使えるが、「決められたことに従う」という意味では「**護**」は使えない。「**護**」を使うと、大切なものが悪い状態にならないよう「まもる」というニュアンスがより強調できる。安全を保つために周囲を取り囲んで「まもる」場合には、「**衛**」が使われることがある。

まるい

【丸い】

球形である。角がない。

例 **丸**いボール。地球は**丸**い。背中が**丸**くなる。角を**丸**く削る。**丸**く収める。**丸**い窓。**丸**いテーブル。**丸**く輪になる。

【円い】

円の形である。円満である。

例 **円**い窓。**円**いテーブル。**円**く輪になる。**円**い人柄。

窓やテーブル、輪の形状が円形である場合に「**円**」を使うが、現在は、球形のものだけでなく、円形のものに対しても「**丸**」を使うことが多い。

まわり

【回り】

回転。身辺。円筒形の周囲。

例 モーターの**回**りが悪い。**回**り舞台。時計**回**り。身の**回**り。胴**回**り。首**回**り。水**回**り。

【周り】

何かを取り巻いている人や物。取り巻いている外側の部分。類 周囲・周辺

例 池の**周**り。**周**りの人。**周**りの目が気になる。学校の**周**りには自然が残っている。

【廻り】

回転。身辺。円筒形の周囲。

例 モーターの**廻**りが悪い。**廻**り舞台。時計**廻**り。身の**廻**り。胴**廻**り。首**廻**り。水**廻**り。

「**回**」は「**廻**」と書かれることもあるが、「**廻**」を使うと、ぐるぐる「まわる」ニュアンスが強調できる。警察官を「おまわりさん」とも呼ぶが、その場合「お巡りさん」と書く。

み

【見栄▽】

見かけ。自分のことを実際より良く見せようとすること。類虚栄・体裁
例見栄が悪い。見栄を張る。見栄で高いものを買う。

【見得】

歌舞伎などで、役者がいったん演技を止めてポーズをとること。
例見得を切る。大見得。

> 「見栄」も「見得」も、「見え」と書かれることが多い。「見栄」「見得」は当て字。

み た す・み ち る

【満たす・満ちる】

限度までいっぱいにする。じゅうぶんに与えて満足させる。
例好奇心を満たす。ガソリンを満たす。条件を満たす。欠員を満たす。腹が満ちる。月が満ちる。花の香りに満ちた部屋。自信に満ちている。

【充▽たす・充▽ちる】

限度までいっぱいにする。不足しているものをじゅうぶんに与える。類充足する・補充する
例欠員を充たす。条件を充たす。欲求を充たす。花の香りに充ちた部屋。

> 一般的には「満」を使う。「不足しているもの」を与えることに重点がある場合は、「充」を使うことができる。

み ち

【道】

人や動物、車が往来するところ。経路。道のり。方法。当然そうあるべきだと考えられている、人の生き方。専門領域、方面。
例道を渡る。裏道。けもの道。塩の道。学校へ行く道を間違える。千里の道も一歩から。なんとか救う道を考える。お金の使い道。道を説く。その道の大家。

【路▽】

ある目的や用途のために整備された「みち」。比喩としての「みち」。
例空の路。恋の路。

【途▽】

どこかへ行く経路、途中。方法。
例学校へ行く途を間違える。ここへ来る途で忘れ物に気づいた。お金の使い途。日暮れて途遠し。

【径▽】

幅の狭い、小さい「みち」。
例裏径。細い径を歩く。美しい花の咲いた小径こみち。

> 一般的には「道」を使う。「路」は、「恋

ま

み え ▼ み ち

人と歩いた**路**」「**古**の**路**」などと、「みち」をある情感をもって表したいときにも使われることがある。

みちる　　→みたす・みちる

みとう

【未到】

まだ、誰も到達しないこと。
例 前人**未到**の記録。人類**未到**。

【未踏】

まだ、誰も足を踏み入れないこと。
例 人跡**未踏**の地。**未踏**峰に挑む。**未踏**の海。

💡 まだ誰も頂上まで登っていない山を「**未踏峰**」というが、「**未登峰**」と書かれることもある。「**未到峰**」とは書かないので注意。

みなと

【港】

船が安全に停泊できるようにしたところ。
例 船が**港**に入る。**港**町。**港**を開く。

【湊】

船が安全に停泊できるようにしたところ。
例 船が**湊**に入る。**湊**町。那珂**湊**。

💡 一般的には「**港**」を使う。「**湊**」は古くからある地名を除いて、現在はあまり

使われていないため、使うとレトロな雰囲気が出る。

みね

【峰】

山の頂上のあたり、山のいちばん高いところ。刃物の背。
例 富士の**峰**。**峰**に立つ。**峰**打ち。

【嶺】

連なった「みね」。
例 箱根の**嶺**。**嶺**に立つ。

💡 一般的には「**峰**」を使う。「**みね**」が連なっている場合や、「みね」がそびえたつ様子を強調したい場合には「**嶺**」を使うこともできる。

みのり・みのる

【実り・実る】

実がなる、実がつく。成果があがる。
例 **実り**の秋。**実り**が多い。努力が**実り**を結ぶ。栗が**実る**。稲が**実る**。たわわに**実る**。

【稔り・稔る】

稲などの穀物が「みのる」。種がたくさんつく。
例 **稔り**の秋。稲が**稔る**。たわわに**稔る**。

💡 一般的には「**実**」を使う。もともとの漢字の意味は、「**実**」は果実が、「**稔**」は穀物が「みのる」ことを指すが、現在

では穀物の場合にも「**実**」が使われる。穀物の「みのり」を指す場合のほか、「みのり」が大きいこと、豊かなことを表したいときは「**稔**」を使うこともできる。

みる

【見る】

眺める。調べる。世話する。

例遠くの景色を**見**る。エンジンの調子を**見**る。顔色を**見**る。面倒を**見**る。親を**見**る。

【診る】

診察する。

例患者を**診**る。脈を**診**る。胃カメラで**診**る。医者に**診**てもらう。

【観る】

考えたり感じたりしながら「みる」。
類観察・観賞・観測

例映画を**観**る。展覧会を**観**に行く。星空を**観**る。

【看る】

看病する、世話をする。類看護

例親を**看**る。病人を**看**る。最期を**看**る。

一般的には「**見**」を使う。「**観**」「**看**」は「**見**」と書かれることも一般的。ただし、「最期をみとる」の場合は「見取る」と書かずに「**看取る**」を使う。意識して、注意してよく「みる」場合には「相手の目をじっと**視**る」のように「**視**」

を使うこともできる。全体をひと通り「みる」場合には「カタログを**覧**る」のように「**覧**」を使うこともできる。

みんぞく

【民俗】

人々の間で伝えられてきた風俗や習慣。

例**民俗**芸能。**民俗**資料。**民俗**信仰。**民俗**文化財。

【民族】

同じ祖先・土地から起こり、集団としての一体感をもっている人々の集団。

例**民族**意識。少数**民族**。多**民族**国家。

「**民俗学**」は、古くから人々の間で伝えられてきた伝説や信仰、慣習などを対象に、生活様式の起こりや文化の移り変わりを研究する学問。一方、「**民族学**」は、それぞれの民族がもつ宗教や文化、制度など生活様式や文化全般を対象に研究する学問。

む

むくい・むくいる

【報い・報いる】

人のしてくれたことに対して、相応のお返しをする。人のしたことに対して、仕返しをする。類報恩・報復

例**報**いを受ける。恩に**報**いる。労に**報**

いる。親切に**報**いる。一矢を**報**いる。

【酬゛い・酬゛いる】

人のしてくれたことに対して、相応のお返しをする。[類]報酬

[例]**酬**いを求めない。恩に**酬**いる。労に**酬**いる。友情に**酬**いる。

一般的には「**報**」を使う。「**報**」は、「お返し」「仕返し」の両方の意味で使えるが、「**酬**」は「お返し」の意味でしか使えない。

むじょう

【無上】

この上ないこと(様子)。[類]最上

[例]**無上**の喜び。**無上**の光栄。**無上**な幸福。

【無常】

はかないこと(様子)。 [対]常住

[例]**無常**の人生。**無常**な世の中。諸行無常。**無常**観。

【無情】

情け心がないこと(様子)。[類]非情・薄情 [対]有情

[例]**無情**の雨。ああ**無情**。**無情**な仕打ち。

「**無常**」は、仏教の教えで「この世のすべてのものは、生まれたり滅んだりし、永遠に変わらないものはない」こ

とをいう。

むなしい

【空゛しい】

中身がない、からっぽだ。はかない。無駄である。

[例]**空**しい生活。心が**空**しい。**空**しい言葉。**空**しい努力。**空**しく時間を過ごす。

【虚゛しい】

中身がない。はかない。無駄である。

[例]**虚**しい生活。心が**虚**しい。**虚**しい言葉。**虚**しい努力。**虚**しく時間を過ごす。

一般的には「**空**」を使う。報道などでは、「**空**」「**虚**」いずれもかな書きされることが多い。「**空**」は「**空**しい努力」のように、効果がないというニュアンスが、「**虚**」は「**実**」の対語で、内容がないというニュアンスがある。

むめい

【無名】

名前がないこと、わからないこと。有名でないこと。[類]無記名 [対]有名

[例]**無名**の戦士。**無名**の封書。**無名**の新人。まだ**無名**だ。

【無銘】

作者の名前が入っていないこと。また、その作品。[対]在銘

例無銘の刀。無銘の作。

「銘」には「金属製の器物に刻んだり鋳こんだりする字句」という意味があるため、「無銘」は美術品や工芸品などに対して使われる。

め

【目】

ものを見る働きをする器官。見る働きや見えるもの。形やあり方を「め」にたとえたもの。

例目が大きい。目を細める。目がいい。疲れ目。目を光らせる。目が肥えている。人目を盗む。台風の目。編み目。碁盤の目。

【眼▽】

ものを見る働きをする器官。

例眼が大きい。眼を光らせる。眼が肥えている。

一般的には「目」を使う。「ものを見る働きをする器官」そのものを表す場合や、「見る働き」のうち、特に評価する力や観察する力を強調する場合などには「眼」を使うことができる。「目」は、「八つ目」などのように数を表す言葉のあとについて順番を表す場合や、「結び目」「折り目」などのように区切られている部分や、「変わり目」「死に目」などのようにある一定の時を表

す場合にも使われる。

めいき

【明記】

はっきり書くこと。

例書類に名前を明記する。理由を明記する。条件を明記する。

【銘記】

深く心に刻み付けて、忘れないこと。

類胸に刻む

例教えを銘記して忘れない。銘記しておきたい言葉。心に銘記しておいてほしい。

「明記」は、読めるように・わかるように「はっきり書く」という意識が強い。「銘記」には、「金属器・石碑などに刻んだ文字や文章」という意味もある。

めいげつ

【名月】

陰暦8月15日の夜の月、陰暦9月13日の夜の月。

例中秋の名月。名月をとつてくれろと泣く子かな(一茶)。

【明月】

晴れた夜の空に浮かぶ、美しく光り輝く月。陰暦8月15日の夜の月、陰暦9月13日の夜の月。

例明月の光。十五夜の明月。明月を観賞する。

陰暦8月15日の夜に見える月を「中秋の**名月**」といい、月見をする。中秋の**明月**と書かれることもあり、この場合の「**明月**」は、「**名月**」が曇りなく澄み渡って美しいさまに使われる。

【名言】

優れた言葉。類至言・名句
例**名言**集。**名言**を吐く。**名言**を残す。けだし**名言**である。

【明言】

はっきりと言うこと。類公言・断言
例みんなの前で**明言**する。今の段階では**明言**できない。**明言**を避ける。

「**名言**」をもじって、「わけのわからない、あきれるような発言」について「**迷言**」を使うことがある。

【名答】

優れた答え。
例ご**名答**。**名答**が出ない。実に**名答**だ。

【明答】

はっきりと答えること。類確答
例**明答**が得られない。**明答**を避ける。即座に**明答**する。

「**名答**」をもじって、「わけのわからない、見当違いの答え」について「**迷答**」を使うことがある。

【名文】

優れた文章。有名な文章。対悪文・拙文
例**名文**家。天下一品の**名文**。文豪の**名文**。

【明文】

はっきりと規定された条文。
例**明文**化する。**明文**を掲げる。

【銘文】

銘として石や金属などに刻みつけられた、文や言葉。
例**銘文**を刻む。石碑の**銘文**を読む。

「**明文**化」とは、「お互いがわかり合っている内容を文章として明確に書き表すこと」である。「**名文**」をもじって、「わけのわからない文章」について「**迷文**」を使うことがある。

【名分】

立場や身分に応じて、守るべき本分。誰にでも認められるような、表向きの理由。
例**名分**を立てる。大義**名分**。**名分**が立

たない。

【名聞】

世間の評判。

例 **名聞**を気にする。**名聞**におぼれる。**名聞**を求める。

💡 「聞」には「評判になる」「名声」といった意味があると覚えておくと、両者を区別しやすい。「大義名分」の「名分」を「名文」と書き間違えないよう注意。

めぐらす・めぐる

【巡らす・巡る】

周りをぐるりとまわる。あちこちまわって歩く。周りを囲む、そのことに関連する。まわって元に戻る。あれこれ考える。

例 垣根を**巡**らす。考えを**巡**らす。池を**巡**る。季節が**巡**る。名所を**巡**る。経済を**巡**る問題。彼を**巡**る噂ぅゎさ。

【回らす・回る】

周りをぐるりとまわる。あちこちまわって歩く。周りを囲む、そのことに関連する。まわって元に戻る。あれこれ考える。

例 垣根を**回**らす。考えを**回**らす。首こぅべを**回**らす。踵きぅすを**回**らす。池を**回**る。季節が**回**る。名所を**回**る。経済を**回**る問題。彼を**回**る噂ぅゎさ。

【廻らす・廻る】

周りをぐるりとまわる。あちこちま

わって歩く。周りを囲む、そのことに関連する。まわって元に戻る。あれこれ考える。

例 垣根を**廻**らす。考えを**廻**らす。池を**廻**る。季節が**廻**る。名所を**廻**る。経済を**廻**る問題。彼を**廻**る噂ぅゎ。

💡 一般的には「**巡**」を使う。「首を回らす」「踵を回らす」などのように、どこかへ移動せずその場で輪を描くように方向を変える場合には、「**回**」が使われる。「**廻**」は使うとやや古風で、「外側を順に通り、元のところへ戻る」ニュアンスがある。

も

もえる

【燃える】

火がついて、炎や煙が上がる。空気がゆらゆら揺れて見える。火が燃えるように、気持ちが高まる。

例 ストーブが**燃**える。炎が**燃**え上がる。かげろうが**燃**える。**燃**える思い。理想に**燃**える。

【萌える】

草木の芽が伸びる。

例 新緑に**萌**える山。**萌**える若草。

💡 俗に、アイドルやキャラクターなどに対して使う、「もえ」「もえる」には、「**萌**」を使う。

【目礼】

目だけで会釈すること。

例目礼を交わす。目礼を返す。笑顔で目礼した。

【黙礼】

言葉を発せずに行う、おじぎ。

例神前で黙礼する。黙礼を捧げる。うやうやしく黙礼する。

💡 「目礼」は、軽く目を伏せる挨拶で、話している相手のわきを通る時や、邪魔になりたくない時などに使う。一方、「黙礼」は、上体をわずかにまげ、言葉は交わさず、廊下や道ですれ違う時などに使う。

【最も】

この上なく、いちばん。

例最も大きい。最も必要なもの。最もよく聴く曲。日本で最も長い川。

【尤も】

道理にかなう様子。(前に述べたことの例外などを持ちだして)ただし、とはいうものの。

例尤もな意見。ご尤もです。尤もらしい話。尤も、…は別ですが。

💡 「最」は、比較したものの中で「いちばん」を表すときに使う。「尤」は、かな書

きされることも多い。

【下】

影響力や支配力の及ぶ範囲。…という状態・状況で。物の下の辺り。

例法の下に平等。ある条件の下で成立する。一撃の下に倒した。花の下で遊ぶ。真実を白日の下にさらす。灯台下暗し。足下が悪い。

【元】

物事が生じる始まり。以前。近くの場所。もとで。類出発点

例口は災いの元。過労が元で入院する。火の元。家元。出版元。元の住所。元首相。親元に帰る。手元に置く。お膝元。足元が悪い。元が掛かる。

【本】

物事の根幹となる部分。類基本 対末

例生活の本を正す。本を絶つ必要がある。本を尋ねる。

【基】

基礎・土台・根拠。

例資料を基にする。農は国の基。詳細なデータを基に判断する。これまでの経験に基づく。

【許】

あるものが存在する近く。そば。

例親**許**に帰る。手**許**に置く。国**許**。お
膝**許**。

【素▽】

何かを作る材料や原料。類素材

例スープの**素**。出汁の**素**。植物を**素**
に作られた染料。

「足もと」の「もと」は、「足が地に着いている辺り」という意味で「**下**」を使うが、「足が着いている地面の周辺（近くの場所）」という視点から捉えて「**元**」を使うこともできる。「あるものが存在する近く、そば」という意味で「**元**」「**許**」は同じように使われるが、一般的には「**元**」を使う。「以前、昔」という意味の「**元**」の代わりに、「**旧**」が使われることもある。もろみを発酵させる「もと」になるものには「**酛**」が使われることもある。

もらす・もる・もれる

【漏らす・漏る・漏れる】

隙間から出る。秘密が外部に知られる。抜ける、落ちる。

例秘密を**漏**らす。水が**漏**る。雨が**漏**る。木**漏**れ日。思わず声が**漏**れる。連絡**漏**れ。

【洩▽らす・洩▽る・洩▽れる】

隙間から出る。秘密が外部に知られる。抜ける、落ちる。

例秘密を**洩**らす。水が**洩**る。雨が**洩**る。思わず声が**洩**れる。木**洩**れ日。連絡**洩**れ。

一般的には「**漏**」を使う。「御多分に漏れず」などの慣用的な表現では「**漏**」が使われる。「**漏**」も「**洩**」もほぼ意味が同じことから、報道などでは「**漏**」に統一されている場合も多い。

もり

【森】

広い範囲に多くの木が生い茂っているところ。

例**森**の散歩道。鎮守の**森**。**森**の生きもの。**森**の手入れをする。

【杜▽】

広い範囲に多くの木が生い茂っているところ。

例**杜**の散歩道。鎮守の**杜**。**杜**の都。上野の**杜**。

一般的には「**森**」を使う。「**森**」がより自然にできあがったものを指すのに対し、「**杜**」は、神社など、人々の手によって手入れされている、人々の生活の近くにある「もり」のイメージがある。

| **もる** | →もらす・もる・もれる |
| **もれる** | →もらす・もる・もれる |

や

や

【屋】

建物。職業。屋号。ある性質を持つ人。

例 長屋に住む。小屋。屋敷。酒屋。八百屋。三河屋。音羽屋。頑張り屋。照れ屋。

【家】

人が生活する住まい。

例 貸家を探す。狭いながらも楽しい我が家。借家住まいをする。家主。家賃。空き家。

💡 「屋」も「家」もどちらも「建物」という意味では共通するが、「屋」は、主として、外側から捉えた建物の形状に視点を置いて使い、「家」は、主として、建物を内側から捉えたときの生活空間に視点を置いて使われる。

やく・やける

【焼く・焼ける】

燃やす。食材に熱を加えて、食べられるようにする。火の中に入れて熱する。陶磁器を作る。日光に当てて黒くする。薬品などで物をこがす。心を配る。嫉妬する。類 妬む

例 ごみを焼く。魚を焼く。壺を焼く。肌を焼く。世話を焼く。やきもちを焼く。家が焼ける。硫酸で焼ける。

【灼く・灼ける】

火の中に入れて熱する。日光に当てて黒くする。薬品などで物をこがす。

例 硫酸で灼く。灼けつくように暑い。日に灼けて肌が痛い。

【妬く・妬ける】

嫉妬する。類 妬む

例 やきもちを妬く。人の出世を妬く。幸せそうな2人を見ると妬けてくる。

💡 一般的には「焼」を使う。「灼」は、「焼」よりも程度が激しいことが強調できる。「妬」はかな書きされることも多い。一度縁が切れた恋愛関係がまたもとに戻ることを「やけぼっくいに火が付く」といい、「焼け木杭に火が付く」と書く。「妬」でも「ぼっくり」でもないので注意。

やさしい

【優しい】

思いやりがある。穏やかである。上品で美しい。対 きつい

例 優しい言葉を掛ける。優しく説明する。誰にも優しく接する。気立ての優しい少年。物腰が優しい。

【易しい】

たやすい。わかりやすい。類 平易・容易 対 難しい

例 易しい問題が多い。誰にでもできる易しい仕事。易しく説明する。易し

183

い読み物。

「**優しく説明する**」は「相手を思いやって説明する」「穏やかな態度や口調で説明する」という意味合いが、「**易しく説明する**」は「わかりやすく平易に説明する」という意味合いがある。

やすい

【安い】

値段が低い。価値がない。心が穏やかだ、気楽だ。圏安価・廉価 対高い

例**安**い買い物。**安**売り。**安**上がり。**安**っぽい。心**安**い。お**安**い御用だ。

【易▽い】

簡単だ、たやすい。対難かしい・難かしい

例案ずるより産むが**易**し。**易**きに流れる。間違い**易**い。動き**易**い服。

「書きやすい」「わかりやすい」など「…やすい」の形で、「…の傾向がある。…するのが簡単だ」という場合には、かな書きされることが多い。「価格が低い」という意味では、「**安**」は「廉」と書かれることもある。

やせい

【野生】

自然のままに育つこと。圏自生

例**野生**の馬。**野生**の植物。**野生**児。苺が**野生**している場所。

【野性】

自然のままの性質。

例**野性**に返る。**野性**的な魅力。野性の本能。**野性**美。

「**野生**」は、動詞として「**野生**する」という言い方ができるのに対して、「**野性**」は名詞としてだけ使われ、「野性する」とは言わない。

やぶる・やぶれる

【破る・破れる】

引き裂くなどして壊れる。損なわれる。かきみだす。相手を負かす。習慣や規則などに背く。

例新聞を**破**る。約束を**破**る。記録を**破**る。障子が**破**れる。本の表紙が**破**れる。**破**れた靴下。均衡が**破**れる。静寂が**破**れる。**破**れかぶれ。長年の夢が**破**れる。恋に**破**れる。

【敗る・敗れる】

負ける。圏敗北する 対勝つ

例全勝の大関**敗**る。大会の初戦で**敗**れる。勝負に**敗**れる。人生に**敗**れる。選挙に**敗**れる。**敗**れ去る。

「負け」をより強く表現するために、報道などで「全勝の大関**敗**る」などの形で使われることがある。この場合の「**敗**る」は「**敗**れる」の意味の文語形。

やめる

【辞める】

仕事やつとめから退く。[類]引退する・おりる・辞職する・辞任する・退職する

[例]会社を辞める。議員を辞める。会長を辞める。

【止゙める】

続けてきたことを終わりにする。やろうとしたことをしないでおく。[類]中止する・よす

[例]話すのを止める。詮索を止める。旅行を止める。

 「辞」の代わりに「罷」が使われることもある。「罷」を使うと「首を切られる」というニュアンスが出る。「止」は「已」と書かれることもあるが使うと古風。

やわらか・やわらかい

【柔らか・柔らかい】

ふんわりしている。しなやかである。穏やかである。[対]固い

[例]身のこなしが柔らかだ。柔らかな物腰の人物。物柔らかな態度。柔らかい毛布。頭が柔らかい。

【軟らか・軟らかい】

手ごたえや歯ごたえがない。緊張や硬さがない。[対]硬い

[例]軟らかな土。軟らかい肉。地盤が軟らかい。軟らかく煮た大根。軟らか

い表現。

「軟らかい肉」は歯ごたえのない肉のことなので、嚙みきりやすい、上質なステーキなどの場合は「柔らかい肉」と使い分けることができる。ただし、食べ物の場合、「柔」「軟」どちらかはっきりしないことも多いので、迷ったら、かな書きするのが無難。

ゆ

ゆうぎ

【遊技】

娯楽としての遊び。

[例]遊技場。遊技施設。

【遊戯】

遊んで楽しむこと。

[例]室内遊戯。幼稚園のお遊戯。言葉の遊戯。

「遊技」は、パチンコや麻雀、ボウリング、ビリヤードなど、大人が店で楽しむものを指す。保育園・幼稚園・小学校などで子供たちがするダンスを「お遊戯」という。

ゆうし

【勇姿】

勇ましい姿。

[例]代表選手の勇姿。ジャンヌ・ダルクの勇姿。馬上の勇姿。困難に立ち向

かう**勇姿**。

【雄姿】

雄々しい姿。

例代表選手の**雄姿**。ジャンヌ・ダルクの**雄姿**。アルプスの**雄姿**。

「勇ましい」も「雄々しい」も意味が近いので、**「勇姿」「雄姿」**も意味の大きな違いはなく、同じように使われる。ただし、**「雄姿」**は山など、人以外のものに対しても使えるが、**「勇姿」**は人についてのみ、使うことができる。「雄々しい」は、もともと男性に対して使われる言葉なので、**「雄姿」**もおもに男性に対して使われるが、現代では女性に対しても使うことができる。

や

ゆうわ ▼ ゆるす

ゆうわ

【融和】

対立がなくなって、打ちとけること。溶け合って、ひとつになること。類和解

例組織内の**融和**を図る。互いに**融和**する。周囲の環境と**融和**する。

【宥゛和】

対立する相手の言動を大目に見て、仲良くすること。

例**宥和**外交。**宥和**政策。**宥和**策を採る。

「融」には「通じる」「やわらぐ」といった意味が、「宥」には「許す」とがめな

い」「大目にみる」といった意味がある。報道などでは、両者を区別せず、**「融和」**に統一している場合もある。

ゆく

【行く】

移動する。進む。過ぎ去る。

例電車で**行く**。早く**行こ**う。仕事帰りに図書館に**行っ**た。仕事がうまく**行か**ない。会社へ**行く**。**行く**末。**行く**春を惜しむ。**行く**手を阻む。成り行き。

【逝く】

死ぬ、亡くなる。類逝去する

例彼が**逝っ**て3年経つ。安らかに**逝っ**た。多くの人に惜しまれて**逝く**。若くして**逝く**。恩師が**逝く**。

「ゆく(いく)」ことが「かえる」こととセットになっている場合は、「会社への往き帰り」「往きの便の飛行機」のように「往」を使うこともできる。

ゆるす

【許す】

願いを聞き入れる。しぶしぶ受け入れる。罪や罰、義務を免除する。緊張を解く。時間や事情の自由がきく。類許可する・許容する・認める

例入学を**許す**。先制点を**許す**。罪を**許す**。気を**許す**。時間の**許す**限り。

【赦゙す】

罪や罰、義務を免除する。圏容赦する

例罪を赦す。赦されない過ち。税を赦す。

▽一般的には「許」を使う。ほか、「免除する」というニュアンスで「免」、「受け入れる」というニュアンスで「聴」を使うことがある。

よ

【世】

その時の世の中、世間、社会。

例明治の世。世の中が騒然とする。この世のものとは思えない。世渡り。世が世ならば。

【代】

ある人や同じ系統の人が国を治めている期間。

例明治の代。260年続いた徳川の代。武家の代。

▽「明治のよ」は、「明治時代の世の中」という意味では「世」、「明治天皇の治世下にある」という意味では「代」を使う。

【良い】

優れている。好ましい。

例品質が良い。良い習慣を身につける。手際が良い。今のは良い質問だ。感じが良い。気立てが良い。都合が良い。良い天気。成績が良い。発音が良い。仲間受けが良い。

【善い】

道徳的に望ましい。

例善い行い。世の中のために善いことをする。人に親切にするのは善いことだ。

【好゙い】

好ましい、適している。

例感じが好い。気立てが好い。人が好い。この子が好い。都合が好い。好い天気。

▽一般的には「良」を使う。話し言葉では「いい」、書き言葉では「よい」として使われることが多い。「いい」の場合は、かな書きで使われることが多い。「形が整って、美しい。好ましい。めでたい」の意味で、「佳いお召し物」「佳い夫婦」「佳いお年を！」「今日の佳き日」など「佳」が使われることがある。

【用件】

用事、用事の内容。圏用向き

例**用件**を話す。**用件**を切り出す。ご**用件**はなんですか?

【要件】

重要な用事。必要な条件。

例**要件**を処理する。成功の**要件**。**要件**を満たす。

💡 「ようけんを話す」は、「**用件**を話す」とすれば「伝えるべき物事について話す」という意味合いに、「**要件**を話す」とすれば「欠くことのできない必須条件について話す」という意味合いになる。

【要項】

必要な事項や大切な事項。

例**要項**をメモする。募集**要項**。

【要綱】

基本になる大事なことがらを要約したもの。

例講演の**要綱**。法律の改正に関する**要綱案**。

💡 国立天文台は、毎年2月に官報で「暦要項」を発表する。「暦要項」には、翌年の暦(国民の祝日・日曜表など)がまとめられている。

【容量】

中に入る量。類容積

例**容量**を調べる。**容量**が大きい。瓶の**容量**。コンピュータの記憶**容量**。**容量不足**。

【用量】

使用する量、服用する量。

例**用量**を守って薬を飲む。1回の**用量**。

💡 「**用量**」は、おもに薬品の使用に関して使われる。ゆえに、「薬の**容量**」というと、その薬がある容器に入っている量を、「薬の**用量**」というと、1回あるいは1日で服用する薬の量をいう。

【避▽ける】

身をかわしてさける。防ぐ。類さける

例車を**避ける**。デッドボールを**避ける**。水溜たまりを**避けて**歩く。

【除▽ける】

わきへ押しやる、取り除く。防ぐ。

例不良品を**除ける**。霜を**除ける**。雨**除け**。厄**除け**。

💡 「**避**」は「さける」とも読めるので、かな書きされることも多い。「霜よけ」「日よけ」「虫よけ」「魔よけ」など、「…よ

け」の形では「**除**」が使われることが多い。

よげん

【予言】

未来を予測した言葉。類占い・予測・予知

例**予言**が当たる。未来を**予言**する。災害を**予言**する。

【預言】

神の霊感を受けた者が伝える、神の命令や意思。類信託

例**預言**者ヨハネ。**預言**の書。

⚠ 聖書で出て来る「よげん」は「**預言**」であることが多く、キリスト教では「**預言**」と書かれる。

よむ

【読む】

声に出して言う。内容を理解する。推測する。

例大きな声で**読**む。子供に**読**んで聞かせる。秒**読**み。この本は小学生が**読**むには難しい。**読**み人知らず。グラフを**読**む。人の心を**読**む。手の内を**読**む。**読**みが浅い。**読**みが外れる。

【詠む】

詩歌を作る。類詠じる

例和歌を**詠**む。俳句を**詠**む。1首**詠**む。**詠**み人知らず。歌に**詠**まれた名所。

題に合わせて**詠**む。

⚠ 「漢字を訓読する」という意味の場合は、「**訓**」を使うこともできる。「詩をよむ」は、「詩を**読**む」とすれば「書かれた詩を1字ずつ声に出す」という意味合いに、「詩を**詠**む」とすれば「自分で一から詩をつくる」という意味合いになる。「和歌をつくった人の名前がわからない（＝作者不明）」という意味の場合に、「**読**み人知らず」「**詠**み人知らず」どちらも使われる。

よる

【因る】

原因・理由とする。類起因する

例過失に**因**る事故。害虫に**因**る被害。うまくいくかどうかは運に**因**る。

【拠る】

基づく、根拠にする。立てこもる。

例天気予報に**拠**ると。資料に**拠**って判断する。城に**拠**る。

【依る】

神が宿る。手段とする。

例神の**依**り代。電話に**依**る連絡。

【由る】

原因・理由とする。

例過失に**由**る事故。害虫に**由**る被害。うまくいくかどうかは運に**由**る。敗北の**由**って来たるところを明らかにする。

189

日本国憲法では「因」が使われる。「原因・理由とする」という意味の場合は、「縁」を使うこともできる。

よろこび・よろこぶ

【喜び・喜ぶ】

うれしいと思う。

例 喜びがこみ上げる。国中が喜びに沸く。高校合格を喜ぶ。心よりお喜び申し上げます。

【歓 ゚び・歓 ゚ぶ】

大勢でにぎやかに「よろこぶ」。類 歓喜

例 国中が歓びに沸く。歓びの声。高校合格を歓ぶ。歓んで迎える。

【悦 ゚び・悦 ゚ぶ】

心の底から「よろこぶ」。類 満悦

例 悦びがこみ上げる。信仰の悦び。しみじみと悦ぶ。

【慶 ゚び・慶 ゚ぶ】

めでたく思う、祝福する。類 慶祝

例 新年のお慶びを申し上げます。心よりお慶び申し上げます。

一般的には「喜」を使う。「慶」は、特に結婚や出産などのお祝いの場面で使われることが多い。跳びあがるほど「うれしい」場合に「欣」が使われることもある。

ら

【雷鳴】

雷の鳴る音。
例雷鳴が轟とどろく。雷鳴が遠のく。激しい雷鳴と稲妻。

【雷名】

広く世間に知られている名前・評判。相手の名声を敬って言う言葉。類高名
例雷名を天下に轟かせる。雷名を馳はせる。ご雷名。

⚲ 「雷」には「雷のように響き渡るさま。雷のように猛烈なさま」という意味があるため、「ご雷名はかねがね承っております」などの形で使われる。

り

【漁師】

魚や貝を獲とって、それを売って生計を立てている人。類漁夫・漁民
例漁師が網を引く。マグロ漁師。漁師めし。漁師町。

【猟師】

野生の獣けものや鳥などを捕まえて、それを売って生計を立てている人。類狩人かりうど

例猟師がクマを仕留める。山の猟師。猟師鍋。

⚲ 「漁」は、もともと「ギョ」という音のみだったが、「生き物を売って生計を立てている」というところから「リョウ（猟）」の音が使われるようになったという経緯がある。

【両用】

使い道がふた通りあること。類兼用
例切削研磨両用。水陸両用の車両。遠近両用の眼鏡。慶弔両用する袱紗ふくさ。

【両様】

ふた通りの様式ややり方。類二様にょう
例両様の解釈ができる。和戦両様の構え。一事両様。

⚲ 「両用」は、動詞として「両用する」という言い方ができるのに対して、「両様」は名詞としてだけ使われ、「両様する」とは言わない。

れ

【礼遇】

礼を尽くしてもてなすこと。類厚遇・優遇 対冷遇
例国賓として礼遇する。礼遇を受ける。

【冷遇】

冷ややかな待遇をすること。類冷や飯を食わせる 対厚遇・優遇・礼遇
例社内で**冷遇**される。不当な**冷遇**。敵意ある**冷遇**。

「礼遇」と「冷遇」は、「レイグウ」と同じ読みをする対義語。同じ読みをする対義語はほかにも「ジュショウ（授賞／受賞）」「ヘンザイ（偏在／遍在）」などがある。

【礼状】

お礼の手紙。
例お**礼状**を出す。丁重な**礼状**。

【令状】

命令を書いた書類。
例**令状**を発する。**令状**をとる。差し押さえの**令状**。召集**令状**。

「**令状**」は、特に、裁判官などが強制処分を行うことを命じたり許可したりする書類のことを指す。

れきねん

【歴年】

積み重なった年月を経ること。毎年、年々。
例**歴年**にわたる努力。**歴年**、議長を務める。

【暦年】

暦のうえで定めた1年。類CY（カレンダーイヤー） 対年度・FY（フィジカルイヤー・フィスカルイヤー）
例会計年度を**暦年**通り1月から12月までとする。**暦年**別の統計。**暦年**贈与。

「**暦年**」は、現在の日本で使われている太陽暦では1月1日から12月31日までの1年を指す。役所や会社、学校などで定めた「年度」と区別をはっきりさせる際に、「**暦年**」はよく使われる。

れんけい

【連係】

互いに密接につながり合うこと。類連帯
例**連係**プレー。手足の**連係**動作。**連係**を保つ。

【連携】

うまく連絡を取って、協力して物事を行うこと。
例**連携**プレー。関連団体と**連携**して事に当たる。**連携**を密にする。

「**連係**」は「密接なつながり」があり、つながりが切れ目なく続くことに重点があるのに対して、「**連携**」は互いに連絡し合う・協力し合うことに重点がある。「れんけいプレー」は、選手の動きがつながり合っていることを表すの

ら

れいじょう ▼ れんけい

で、一般的には「**連係**プレー」と書くが、選手間の協力を強調したい場合は「**連携**プレー」と書くこともできる。「**連係**」は「**連繋**」と書かれることもあるが、一般的には「**連係**」を使う。

【連破】

試合や戦いで、続けざまに相手を負かすこと。
例 ライバルを**連破**する。強豪を**連破**する。連戦**連破**。

【連覇】

続けて優勝すること。
例 オリンピック3大会**連覇**。5**連覇**の偉業を成し遂げる。春夏**連覇**。

「**連破**」と似た意味に「連勝」があるが、「連勝」は続けざまに相手に「勝つ」ことに重点がある。

ろ

【路地】

家と家の間の狭い道路。
例 **路地**を抜ける。**路地**の突き当たり。**路地**裏。**路地**状敷地。

【露地】

屋根などで覆われていない土地。
例 **露地**栽培。**露地**野菜。**露地**もの。

「**露地**」には、「茶室に付属した庭(茶庭)」という意味もある。「家と家との間の狭い道路」「門内や庭の中の細い道」の場合、「**路地**」「**露地**」どちらも使われるが、「**路地**」が一般的。また、「**露路**」と書かれることもある。

【露天】

屋根のない所。類 屋外・野天_{てん}・野外
例 **露天**風呂。**露天**のテント。**露天**商。**露天**掘り。

【露店】

道ばたや広場に品物を並べて商売をする店。類 出店_{みせ}・屋台店
例 **露店**が出る。**露店**が並ぶ縁日。**露店**商。

「**露天**商」は「露天で商いをする人や店」、「**露店**商」は「露店を商う人や店」という意味。意味に微妙な違いはあるが、使う際にはあまり区別なく使われている。

【論究】

論じ究めること。
例 日本文化の本質を**論究**する。これから**論究**すべき問題。

【論及】

論がそのことにまで及ぶこと。

例細部にまで**論及**する。**論及**すべき点
が残っている。

「**論究**」は、とことん論じることで、物
事の本質を明らかにするというニュア
ンスが、「**論及**」は、議論が発展し、
別の関連する事柄にまで触れて論じ
るというニュアンスがある。

ら

ろんきゅう

わ

【輪】

車輪。真ん中に穴の開いた、丸い形のもの。つながり。

例輪の跡。輪になって座る。輪ゴム。腕輪。友達の輪。

【環▽】

真ん中に穴の開いた、丸い形のもの。つながり。

例腕環。花環。光の環。友達の環。

一般的には「輪」を使う。「車輪」という意味以外では、「輪」も「環」も同じように使えるが、「環」はもともと玉ざ製の装身具を指していたことから、装飾品や美しいものに「環」が使われることが多い。

わが・われ

【我が・我】

自分自身。自分(たち)を指す言葉、私(たち)、私(たち)の。わが国の。

例我が国。我が輩。我が道を行く。我は海の子。我を忘れる。我に返る。

【吾▽が・吾▽】

自分(たち)を指す言葉、私(たち)、私(たち)の。わが国の。

例吾が国。吾が輩。吾は海の子。

一般的には「我」を使う。「我に返る」「我を忘れる」など「自分自身」という意味の場合、「吾」は使えない。報道などでは、「我」も「吾」も一般的にかな書きされることが多い。また、「我」「吾」は、文章・演説などで使われ、少し古風な言い方である。

わかつ・わかれる・わける

【分かつ・分かれる・分ける】

1つのものが別々のいくつかになる。違いが生じる。分けて配る。分類する。分けて持ち合う。類分割する・分離する

例前後を分かつ。袂たを分かつ。苦労を分かち合う。道が2つに分かれる。敵と味方に分かれる。人生の分かれ道。勝敗の分かれ目。意見が分かれる。評価が分かれる。明暗を分ける。財産を分ける。クラスごとに分ける。

【別▽つ・別れる・別▽ける】

一緒にいた身内や友人などと離れる。分けて配る。分類する。分けて持ち合う。類分割する・分離する

例前後を別つ。幼い時に両親と別れる。家族と別れて住む。けんか別れになる。物別れに終わる。明暗を別ける。財産を別ける。クラスごとに別ける。

【頒▽つ・頒▽ける】

分けて配る。分けて持ち合う。類頒
布

例苦労を頒つ。パンフレットを頒ける。
喜びを頒ける。財産を頒ける。

💡 一般的には「**分**」が使われる。「**分**」の代
わりに「**頒**」を使うと古風。

わかる

【分かる】

理解できる、知識がある。はっきり
する、明らかになる。依頼や指示の
内容を受け止める。

例イタリア語が**分**かる。クイズの答え
が**分**かる。味が**分**かる。事故の原因
が**分**かる。事情が**分**かる。**分**かりま
した、すぐやります。

【解▽る】

きちんと理解できる。

例イタリア語が**解**る。意味が**解**る。事
故の原因が**解**る。

【判▽る】

明確に答えられる。

例クイズの答えが**判**る。品物の良し悪
しが**判**る。見た目ではよく**判**らない。

💡 一般的には「**分**」を使う。ただし、か
な書きされることも多い。「**解**」には、
バラバラになるという意味があること
から、細かく分析した結果「わかる」

というニュアンスがある。「**判**」は、特
に2つのうちどちらか一方の結果が
「わかる」場合に使われる。

わかれる　→わかつ・わかれる・わける
わき

【脇】

腕の付け根の下側にある部分、わき
の下。横のほう。(主役に対して)わ
き役。

例**脇**の下。**脇**を締める。**脇**が甘い。**脇**
に寄る。**脇**から口を出す。**脇**道。**脇**
役。

【腋▽】

腕の付け根の下側にある部分、わき
の下。

例**腋**の下。**腋**腹。**腋**に挟む。**腋**臭^{わきが}。

💡 一般的には「**脇**」を使う。「**脇**」は、連
歌・連句の第2句を指すこともある。
また、能のシテの相手役も「わき」と
いうが、この場合はカタカナで「ワキ」
と書く。「わきの下」を意味する場合は
「**腋**」を使うことができる。服の「わき」
の部分を指すときは、「**掖**」と書かれ
ることもある。

わく

【沸く】

水が熱くなったり沸騰したりする。
興奮・熱狂する。

例風呂が**沸**く。湯が**沸**く。素晴らしい

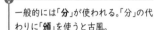

演技に場内が**沸**く。熱戦に観客が**沸**きに**沸**いた。

【湧く】

地中から噴き出る。感情や考えなどが生じる。次々と起こる。

例温泉が**湧**く。石油が**湧**き出る。虫が**湧**く。勇気が**湧**く。疑問が**湧**く。アイデアが**湧**く。興味が**湧**かない。雲が**湧**く。拍手が**湧**く。歓声が**湧**く。涙が**湧**く。

【涌く】

地中から噴き出る。感情や考えなどが生じる。次々と起こる。

例温泉が**涌**く。石油が**涌**き出る。虫が**涌**く。勇気が**涌**く。疑問が**涌**く。アイデアが**涌**く。興味が**涌**かない。雲が**涌**く。拍手が**涌**く。歓声が**涌**く。涙が**涌**く。

▽虫などが「わく」(=たくさん発生する)場合は「**湧**」を使うこともできるが、「**涌**」が使われることも多い。

わける → わかつ・わかれる・わける
わざ

【技】

技術・技芸。格闘技などで、一定の型に従った動作。

例**技**を磨く。**技**を競う。**技**に切れがある。柔道の**技**。**技**を掛ける。投げ**技**が決まる。**技**あり!

【業】

行いや振る舞い。仕事。

例人間**業**とも思えない。神**業**。至難の**業**。軽**業**。**業**師。物書きを**業**とする。早**業**を披露する。

▽「**技**」は個人が身につけた技術、「**業**」は何らかの意図や目的をもった行為ということに重点がある。「**業**」は、特にその行為が人間でない、あるいは人間離れしている場合に使われることがある。

わざわい

【災い】

災難、不幸。

例口は**災**いの元。**災**いを転じて福となす。**災**いを招く。悪天候が**災**いした。

【禍】

災難、不幸。

例口は**禍**の元。**禍**を転じて福となす。**禍**を招く。

▽「**災**」も「**禍**」も同じ意味で使われるが、一般的には「**災**」を使う。「**禍**」を使うと古風な感じになる。また「わざわいする」という形で使う場合は「**災**」を使う。

わずらう

【煩う】

迷い悩む。類苦しむ・心配する

例 卒業後の進路のことで思い煩う。行く末を煩う。心に煩いがない。恋煩い。

【患う】

病気になる。類 病む

例 胸を患う。3年ほど患う。大病を患う。長患いをする。

「恋わずらい」は、病気になるのではなく、恋のことであれこれ悩むことを言うため、「恋煩い」を使うが、「恋患い」と書かれることもある。また、「煩」は、「言い煩う」「行き煩う」など「…煩う」の形で、「…できなくて困る、…しかねる」の意味で使われる。

わたる

【渡る】

横切って向こう側へ行く。通り過ぎる。その中を行く。物が、ある人の手に入る。ある範囲に及ぶ。ある期間、続く。

例 川を渡る。横断歩道を渡る。大陸へ渡る。木々を渡る風。渡る世間。人手に渡る。晴れ渡る。公私に渡って。細部に渡る。長時間に渡る議論。

【亘る】

ある範囲に及ぶ。ある期間、続く。

例 公私に亘って。細部に亘る。長時間に亘る議論。

一般的には「渡」を使う。水の中を歩

いて渡る場合には、「渡」の代わりに「渉」を使うこともできる。「ある範囲に及ぶ。ある期間、続く」の意味で使う場合には、かな書きするか、「亘」もしくは「亙」が使われる。

わびる

【詫びる】

謝る、謝罪する。

例 無礼を詫びる。過ちを詫びる。お詫びの印。

【侘びる】

わびしくなる。何かをしながら、思い悩む。

例 侘び住まい。侘び茶。待ち侘びる。訪ね侘びる。

部首を見ると使い分けしやすい。「詫」は言論や表現にかかわる言偏。「侘」は人の行動を表す人偏。「詫」は、「ご無沙汰をお詫びいたします」など挨拶の場面でも使われる。

わらう

【笑う】

うれしさや楽しさなどを表情や声で表現する。つぼみが開く。働きがだめになる。ばかにして、笑いの対象にする。

例 笑う門には福来る。朗らかに笑う。花笑う。膝が笑う。鼻先で笑う。失敗を笑う。

【嗤う】

ばかにして、笑いの対象にする。園
あざける・嘲笑する

例鼻先で嗤う。失敗を嗤う。陰で嗤う。

一般的には「笑」を使う。ばかにして
「わらう」場合には「嗤」を使うこともで
きる。「ほほえむ」場合には、「微笑う」
と書くこともできる。「つぼみが開く」
場合に、「咲」が使われることもある。

われ　　　　　　　　　　→わが・われ

わん

【椀】

食べ物を盛る、木で作った食器。

例ご飯をお椀によそう。椀に盛る。汁
椀。

【碗】

食べ物を盛る、陶磁器で作った食
器。

例ご飯をお碗によそう。薄茶一碗。酒
碗。

金属で作った食器の場合は「鋺」、小
鉢には「盌」を使う。多く「お椀」の形
で使われ、特に汁物用を指す。

さくいん

も

207

2023 年 5 月 20 日　　初版発行

違いのわかる漢字探し辞典

2023 年 5 月 20 日　　第 1 刷発行

編　者　三省堂編修所
発行者　株式会社 三省堂　代表者 瀧本多加志
印刷者　三省堂印刷株式会社
発行所　株式会社 三省堂
　　　　〒 102-8371
　　　　東京都千代田区麹町五丁目 7 番地 2
　　　　電話 (03)3230-9411
　　　　https://www.sanseido.co.jp/

〈違いのわかる漢字探し・208pp.〉

落丁本・乱丁本はお取り替えいたします。

ISBN978-4-385-13975-3

本書の内容に関するお問い合わせは、弊社ホームページの「お問い合わせ」フォーム (https://www.sanseido.co.jp/support/) にて承ります。

装丁・本文設計・イラスト
グリッド有限会社　八十島博明　石川幸彦

組版
株式会社ぷれす

編集
三省堂編修所

執筆協力
小西明子　市原佳子

校正
安部いずみ　岩谷由美　兼古和昌　菅間文乃
高坂佳太　　中野のぞみ　吉岡幸子　渡邉さゆり

編集協力
古川華子

finding

nice

words!

違いのわかる
漢字探し辞典

三省堂編修所 編

JN028758

三省堂